Für Walter Zöller,
den "Planungsflüsterer" von München
zum 75. Geburtstag

München, den 28. Februar 2015

G. Hensjähsh

Gottfried und Anton Hansjakob

DIE RHEINAUE IN BONN
Geschichte eines Parks

Gottfried und Anton Hansjakob

DIE RHEINAUE IN BONN
Geschichte eines Parks

Mercator

Inhalt

Zum Geleit – Ein Denkmal für Lenné: DER RHEINAUENPARK IN BONN 6

Vorwort 8

1. EINE IDEE NIMMT GESTALT AN – Ein Erholungspark in der Stadtmitte 10

2. DAS LANDSCHAFTSPLANERISCHE UND STÄDTEBAULICHE KONZEPT FÜR DEN RHEINAUENPARK – Vom Landschaftspark zum Stadtpark 14

   2.1 DAS GRÜN- UND FREIRAUMKONZEPT FÜR DAS PARLAMENTS- UND REGIERUNGSVIERTEL – Bepflanzung vor Bebauung 20

3. DIE BEPFLANZUNG DES RHEINAUENPARKS – Bäume bilden Räume – vom Auen- zum städtischen Bereich 24

4. DIE AUSSICHTSTERRASSE MIT HÖHENWEG – Ein Land-Art-Kunstwerk wird zur neuen Stadtlandschaft 32

   4.1 DIE BEPFLANZUNG DER AUSSICHTSTERRASSE – Seltene Bäume im neuen Stadtpark 48

   4.2 DER ROSENGARTEN – Großer Auftritt für die Königin der Blumen 54

   4.3 DIE KASKADE – Frischwasser für den See 58

   4.4 DER JAPANISCHE GARTEN – Ein Band der Treue zwischen Japan und Deutschland 62

   4.5 DER BLINDENGARTEN – Das Herzstück der Aussichtsterrasse 66

5. PARKBEREICH UND AUENSEE – Ein Park soll seine Besucher berühren 68

   5.1 DER AUENSEE – „Wasser ist das Auge der Landschaft." (Fürst Hermann von Pückler-Muskau) 74

6. DER RHEIN UND SEINE UFER – Prall- und Gleitufer 84

7. RHEINUFERZONEN RECHTS- UND LINKSRHEINISCH ... 86

    7.1 VON BEUEL-SÜD BIS OBERKASSEL – Die Sonnenseite des Rheins ... 86

    7.2 DIE PROMENADE AM EHEMALIGEN ZEMENTWERK – Schönste Aussicht in das Rheintal ... 92

    7.3 VOM ALTEN ZOLL ZUR GRONAU – Die Bonner Flaniermeile ... 100

    7.4 VON DER GRONAU BIS PLITTERSDORF – Der Englische Garten von Bonn ... 108

8. HOCHWASSER UND ÜBERSCHWEMMUNGSZONEN – Der unberechenbare Rhein ... 118

9. BUNDESGARTENSCHAU – UND DANN? – Die große Eröffnungsfeier ... 122

10. FREIZEIT IM PARK – Erholung für jedermann ... 130

11. FESTE UND VERANSTALTUNGEN – Der Park in Feierlaune ... 138

12. DER POST TOWER – Bonner Wahrzeichen und Tor in die Rheinaue ... 144

13. DIE PFLEGE DES PARKS – Geheimnis des Erfolgs ... 146

14. DIE MATERIALWAHL – Basalt statt Beton ... 148

15. DIE BAUTEN IN DER RHEINAUE – Bauwerke und Park als Einheit ... 154

Schlussbemerkung – Danksagung ... 160

Zum Geleit

Ein Denkmal für Lenné:
DER RHEINAUENPARK IN BONN

von Gottfried Knapp

In den Jahren, in denen die Bundesrepublik Deutschland von Bonn aus regiert wurde, fällte die Stadt Bonn zwei Entscheidungen von größter kommunalpolitischer Bedeutung. Die erste war die, dass die drei Gemeinden Bonn, Bad Godesberg und das auf der anderen Rheinseite gelegene Beuel sich zu einer Großstadt zusammenschlossen. Die zweite glückliche Entscheidung bestand darin, dass die junge Großkommune die unbebauten Freiräume, die sich im Dreieck zwischen den Ortsteilen am Rhein auftaten, vor dem Zugriff der räumlich benachbarten Bundesbehörden rettete und für eine gemeinsame grüne Mitte reservierte. Dieser schöne Gedanke, im jahrzehntelang vernachlässigten Grenzgebiet zwischen den Orten einen Stadtpark von der Größe des Englischen Gartens in München anzulegen, rückte erst in den Bereich realer Möglichkeiten, als er mit der erfolgversprechenden Idee einer Bundesgartenschau verknüpft wurde. Man wusste in Bonn, dass viele der großen Stadtparks in Deutschland ihre Entstehung einer Bundesgartenschau verdanken. Also lobte man 1970 einen Wettbewerb aus für einen Landschaftspark und eine Bundesgartenschau in den Rheinauen zwischen Godesberg und Bonn und am jenseitigen Rheinufer zwischen Oberkassel und Beuel. Gewonnen wurde er von den Münchner Landschaftsarchitekten Gottfried und Toni Hansjakob, die schon einige große Landschaftsparks in Deutschland gestaltet hatten.

Für die Stadt Bonn wurde die 1979 eröffnete Bundesgartenschau im neuen Rheinauenpark zu einem überragenden Erfolg. Die Schau zog 7,6 Millionen Besucher in die ehemaligen stadträumlichen Grauzonen am Rhein. Doch sehr viel wichtiger als der Spontanerfolg der Gartenschau war für die junge Großkommune der dabei innerhalb weniger Jahre in die Landschaft hineingezauberte, vielfältig nutzbare Landschaftspark.

Heute, 35 Jahre nach seiner Eröffnung, kann dieser Park als einer der schönsten gestalteten Orte im gesamten Mittelrheintal gefeiert werden. In dem durch Höhenzüge eingeengten und darum fast lückenlos dicht besiedelten Bonner Becken aber tut das gestaltete Gelände nicht nur als grüne Lunge wirksam Dienst; es hat sich auch als Naherholungsgebiet, als zweiter Kurpark des ehemaligen Badeorts Godesberg und als vielseitig nutzbarer Veranstaltungsort bestens bewährt.

Einer der Wünsche, die beim Wettbewerb für den Park am Rhein erfüllt werden sollten, war die Herstellung durchlaufender bequemer Uferpromenaden auf beiden Seiten des Flusses. Vor allem auf der rechten, der Beueler Seite, also am steileren Prallufer, war der Rheinuferweg schroff unterbrochen. Ein riesiges Zementwerk hatte dort direkten Zugang zum Ladekai am Rheinufer, zwang also Radfahrer und Spaziergänger zu enormen Umwegen. Hier ist der Gewinn durch die Neugestaltung geradezu riesig. Wo früher die Industrieruine des Zementwerks über dem zubetonierten Ufer gethront hatte, erhebt sich heute ein Luxushotel über einer Uferpromenade, die mit ihrer Doppelreihe geschnittener Platanen den Charme alter Kurorte hat. Von allen Punkten dieses Ensembles tut sich ein schöner Blick auf in Richtung Bonn und zurück ins Siebengebirge.

Auf der Bonn-Godesberger Seite waren die Ummantelung des Godesberger Klärwerks und die landschaftliche Einbettung der auf einer Brücke über den Rhein und dann quer über das Parkgelände hinwegschießenden Autobahntrasse die drückendsten Probleme. Mit herbeigekarrten Erdmassen und üppigen Bepflanzungen rückten die Landschaftsarchitekten diesen beiden raumplanerischen Todsünden früherer Jahre zu Leibe. So ist das Klärwerk heute in ganzer Ausdehnung von einem dicht bewaldeten Hügelzug umgeben, der die dahinterliegende Beckenlandschaft perfekt aus dem Park wegblendet. Das über den Auengrund hinwegstelzende Autobahnstück aber verschwindet dort, wo es den städtischen Grund erreicht und sich aufspaltet, um den Verkehr in die Stadt zu entlassen, optisch wie akustisch hinter sanft ansteigenden Hügeln und schirmenden Wällen. Mit gewaltigen Erdbewegungen haben die Hansjakobs den Rändern der bis dahin konturlos flachen Auenlandschaft also ein markantes Profil gegeben: Entlang der Alleen, die den Übergang zur städtischen Bebauung bilden, legten sie einen breiten, harmonisch gekurvten Höhenweg an, der nicht nur das Innere des Parks vor dem Lärm der Stadt abschirmt, sondern auch schöne Ausblicke in die Landschaft bietet. Auf dieser obersten Geländestufe sind alle Serviceeinrichtungen, Restaurants und Kioske verteilt.

Von diesem vergleichsweise intensiv gestalteten Hochplateau geht es auf breiten Rampen hinab auf ein terrassenartiges Zwischenniveau, auf dem einige der verbliebenen gärtnerischen Anlagen aus dem Gartenschaujahr die Besucher begeistern. Von dort führen die Wege in schönen Schwingungen hinab auf den ursprünglichen Auengrund, der ganz nach den Idealen eines Landschaftsparks gestaltet und ausschließlich mit hochwasserresistenten Gehölzen mitteleuropäischer Auenwälder bepflanzt ist. Dieser Teil des Parks wird auch heute noch bei Hochwassern regelmäßig überschwemmt.

Durch dieses Gelände zog sich vor der Regulierung des Flusses ein Altarm des Rheins, dessen Flutmulde bei der Parkplanung noch erkennbar war. Auf dieses feine Bodenrelief haben die Hansjakobs mit einem weitverzweigten, kurvig geschwungenen See geantwortet, der sich in die vorhandene Mulde schmiegt und die beiden durch die Autobahnbrücke getrennten Parkteile optisch geschickt miteinander verbindet. Der Auensee erfreut sich bei Anwohnern und Besuchern des Parks zu allen Jahreszeiten größter Beliebtheit. Von überregionaler Bedeutung sind aber die wunderbar schattigen neuen Uferwege, auf denen Jogger, Spaziergänger und Radfernwanderer unterwegs sind.

Der Landschaftspark in der Bonner Rheinaue ist ein schöner Beweis dafür, dass gute Beispiele für die Umgebung gute Folgen haben können. Nach dem Erfolg der BUGA 1979 erhielten die Münchner Landschaftsarchitekten auch den Auftrag für die Anbindung der Parkteile an die umgebenden Stadtquartiere. Sie ließen das Grün des Parks über Alleen, Kreuzungen und Plätze bis tief in die Kerne der umliegenden Ortsteile hineinwachsen.

Heute gehört der Rheinauenpark, der Englische Garten Bonns, zu den größten Sehenswürdigkeiten der Region. Ja, er ist für viele Beobachter das wichtigste Monument, das während des Gastspiels der Bundesregierung in Bonn errichtet wurde. Jedenfalls ist die planmäßig geschaffene grüne Mitte das schönste Denkmal, das die Stadt Bonn einem ihrer größten Söhne, dem Landschaftsarchitekten und Städteplaner Peter Joseph Lenné, hat errichten können. Lenné, der die Deutschen mit der Idee des Landschaftsparks vertraut gemacht hat, wurde 1789 in Bonn geboren – und zwar direkt am Rheinufer, in einem Haus neben dem Alten Zoll. Wenn er heute noch einmal durch Deutschland reisen könnte, würde er sich beim Thema „Natur in der Stadt" wohl kaum irgendwo besser verstanden fühlen als in seiner Geburtsstadt am Rhein, wo nach glücklichen Entscheidungen Stadt und Landschaft wieder so innig miteinander versöhnt werden konnten, wie es Lenné in seiner Arbeit zeitlebens angestrebt hat.

Foto: van der Ropp

Vorwort

Der Bau des Rheinauenparks war für uns Landschaftsarchitekten ein herausragendes und prägendes Projekt, mit dem wir uns über mehrere Jahrzehnte beschäftigt haben und das wir noch heute durch ergänzende Planungen begleiten.

Bei unserem ersten Besuch in Bonn war der Anblick des gewaltigen Rheinstroms mit der Kulisse des Siebengebirges ein überwältigendes Erlebnis. Die Großzügigkeit der Landschaft und die romantischen Landschaftsbilder des Mittelrheintals regten uns zu einer mutigen Planung an.

1970 erhielten wir den 1. Preis bei dem bundesoffenen landschaftsplanerischen und städtebaulichen Wettbewerb „Rheinauenpark und die Bundesgartenschau 1979", für ein Areal also, auf dem innerhalb der nächsten zehn Jahre einer der größten Landschaftsparks der Bundesrepublik geschaffen wurde.

Für die freien Flächen zwischen den Städten Bonn, Bad Godesberg und Beuel gab es, außer den Plänen für den Rheinauenpark 1970, noch kein städtebauliches Konzept, sondern nur die Idee eines Regierungsviertels. Das war eine ideale Voraussetzung für uns Rheinauenplaner, im Auftrag der Stadt Bonn alle wichtigen Freiräume beiderseits des Rheins in hochwertigen Grünflächen anzulegen. Damit wurde der grüne Rahmen für die zukünftige Bebauung geschaffen und eine städtebaulich sinnvolle Grenze für eine weitere Bebauung gesetzt.

Für den Park haben wir nicht nur Motive, sondern eine eigene Formensprache entwickelt, die sich an der umgebenden Landschaft orientiert und Beispiele aus der Natur des Rheintals in die Gestaltung des Parks überträgt. Parallel zur Planung der Rheinaue erarbeiteten wir in Zusammenarbeit mit der Stadtplanung von Bonn ein Grünkonzept für das Parlaments- und Regierungsviertel. Daraus entstand die Idee der attraktiven Regierungsallee als städtisches Gegenstück zur landschaftlichen Rheinaue.

Es war unser Ehrgeiz, im Herzen Bonns einen Park zu schaffen, der so beliebt sein würde wie der Englische Garten in München oder der Hyde Park in London – einen Volkspark, der ein großer Erholungsraum für seine Besucher ist und zugleich umfangreiche Angebote an Freizeit und kulturellen Nutzungsmöglichkeiten bietet. Heute ist der Park, in Verbindung mit dem Rhein, ohne Übertreibung einer der schönsten und beliebtesten Landschaftsparks Deutschlands. Die überwältigende Akzeptanz in der Bevölkerung für den Park seit der Eröffnung 1979 hat gezeigt, dass unser Konzept aufgegangen ist. Inzwischen ist der Park in die von der „Straße der Gartenkunst zwischen Rhein und Maas e.V." herausgegebene Liste der schönsten Gartenlandschaften des Rheinlands und ihrer Gartenkünstler aufgenommen worden. Daraus entsteht die Verpflichtung für die Erhaltung und den Schutz dieses Gartendenkmals, das sehr mit der Entstehung der Bundeshauptstadt Bonn verbunden ist.

Bei der Größe des Parks und seinen Verflechtungen mit den umgebenden Stadtgebieten war es notwendig, städtebauliche und gartenkünstlerische Ziele miteinander in Einklang zu bringen. Mit diesem Buch möchten wir allen Interessierten einen Einblick in unsere Planungsüberlegungen zum Ausbau des Parks vermitteln. Wir hoffen, damit einen Anreiz zu geben, den Park immer wieder neu zu entdecken.

Gottfried und Anton Hansjakob

1. EINE IDEE NIMMT GESTALT AN
Ein Erholungspark in der Stadtmitte

Wie war es möglich, dass in zentraler Lage von Bonn eine 160 Hektar große, unbebaute Fläche für eine Parkanlage zur Verfügung stand?

Die Geschichte der Rheinaue beginnt mit Dr. Wolfgang Hesse, der 1964 Oberstadtdirektor in Bonn wurde und das Gebiet der damals brachliegenden Plittersdorfer Aue für einen Volkspark reservieren wollte. Vorausgegangen war die im Zuge der mit dem sogenannten „Bonngesetz" einhergehenden Gebietsreform geplante Eingemeindung der zuvor selbstständigen Städte Bonn, Bad Godesberg und Beuel. Durch die Zusammenlegung wurden die ehemaligen Randlagen dieser Städte – die Plittersdorfer Aue und die Gronau sowie die rechtsrheinischen Gebiete von Beuel bis Oberkassel – zum Zentrum der Bundeshauptstadt.

Die Bundesbauverwaltung hatte für diese Freiräume beiderseits des Rheins massive Bauabsichten für ein Bundesviertel und dazu schon 1965 das Gelände des Sportparks Gronau mit dem alten Baumbestand für eine zukünftige Bebauung gekauft. Dr. Hesse wollte aber das landschaftlich wertvolle Auengelände am Rhein vor einer Bebauung sichern.

Dr. Hermann Wandersleb, der ehemalige Staatssekretär im Bundesministerium für Städtebau, hatte die Idee, in Bonn eine Bundesgartenschau zu veranstalten, und trug die Vision zusammen mit Karl Ley, dem Präsidenten des Zentralverbandes Gartenbau, an Dr. Hesse heran. Dieser sah darin die konkrete Möglichkeit, einen Volkspark in der Rheinaue zu verwirklichen mit einem Eröffnungstermin 1979 für die Bundesgartenschau als Motor. Man kann mit Sicherheit sagen, dass der Beschluss für den Ausbau des Rheinauenparks und der Bundesgartenschau ohne das langjährige Engagement von Dr. Hesse nicht zustande gekommen wäre.

Die Stadt Bonn beauftragte den Landschaftsarchitekten Reinhard Grebe und den Karlsruher Gartenbaudirektor Robert Mürb damit, ein Gutachten für die Bundesgartenschau 1979 zu erstellen. Dieses Gutachten bildete die fundierte Grundlage für den Wettbewerb und den Ausbau der Rheinaue beiderseits des Rheins.

Anlässlich der Planausstellung erläutern Gottfried und Anton Hansjakob ihre Entwürfe, mit denen sie 1970 den 1. Preis bei dem bundesoffenen Wettbewerb „Rheinaue Bonn – BUGA 1979" gewannen.
Foto: Wolfgang Miller

Am 9.11.1970 unterzeichnen die Verantwortlichen den Vertrag zur Ausrichtung der BUGA 1979 in Bonn (v.l.): W. Sauerborn, OB Peter Kraemer, OStDir. Dr. Wolfgang Hesse, Karl Ley (Präsident ZVG), H. Heiber und Gerd Nieke (Bau- u. Planungsdezernat)
Foto: Archiv der Stadt Bonn

Am 24. Oktober 1969 fiel die wichtige Entscheidung für die Ausschreibung eines Wettbewerbs „Erholungspark Rheinaue in Bonn". 1970 wurde vom Planungs- und Baudezernenten Gerd Nieke der bundesoffene Wettbewerb „Rheinaue Bonn – Bundesgartenschau 1979" ausgeschrieben. Wir erhielten dabei den 1. Preis und hatten nun die Aufgabe, innerhalb kürzester Zeit – von 1971 bis zur Bundesgartenschau 1979 – aus brachliegenden, fast baumlosen Flächen einen Park zu schaffen. Wir mussten mit Bodenmodellierungen, Wasserflächen, großen Rasenflächen für die Blumenschauen und noch kleinen Bäumen für die Bundesgartenschau eine gute Anfangswirkung erzielen und zugleich den Park für die Zukunft bauen.

In den Eröffnungsreden zur Bundesgartenschau 1979 wurde von Bundespräsident Dr. Walter Scheel und dem Bonner Oberbürgermeister Dr. Hans Daniels der Rheinauenpark als ein entscheidender Teil des Bonner Parlaments- und Regierungsviertels und damit als wichtig für das Aussehen der Stadt Bonn gewürdigt. Mit der Gestaltung dieser Landschaft wurde erreicht, dass sich hier einmal nicht der Garten an den Gebäuden, sondern die Gebäude am Garten orientieren mussten.

Die Botschaft war angekommen.

Impressionen aus der Anfangszeit des Parks

Foto: Hildebrand

Foto: Hansjakob

Foto: Stadt Bonn

2. DAS LANDSCHAFTSPLANERISCHE UND STÄDTEBAULICHE KONZEPT FÜR DEN RHEINAUENPARK
Vom Landschaftspark zum Stadtpark

Die landschaftliche Situation am Rhein bot für die Anlage des Rheinauenparks eine ideale Voraussetzung. Der Rhein fließt aus dem romantischen Mittelrheintal in die Bonner Bucht. Das aufgeweitete Rheintal wird von bewaldeten Hügelketten umgeben. Das Siebengebirge mit Petersberg und Drachenfels bildet eine eindrucksvolle Kulisse für den Park, der – in der Mitte des Tals gelegen – optisch ein Teil des großen Landschaftsraums wird. Die zentrale Lage des Rheinauenparks im Regierungsviertel der zukünftigen Hauptstadt erforderte ein hochwertiges landschaftliches, gartenkünstlerisches, aber auch städtebauliches Konzept.

Es galt, den Park möglichst nahtlos mit dem bestehenden Stadtgefüge und den Rheinpromenaden von Bonn, Bad Godesberg und Beuel zu verbinden. Der Rheinauenpark sollte als Mitte der Stadt wahrgenommen werden. Für die Planung einer neuen Hauptstadt war es für uns naheliegend, vergleichbare städtebauliche Planungen mit großen Parkanlagen in anderen Hauptstädten zu studieren. Die Situation in Bonn war aber mit keiner anderen Stadt vergleichbar.

Die landschaftlichen Gegebenheiten – der Park am Rhein im Zentrum der neuen Stadt – waren ungleichlich besser als etwa die Situationen in Berlin, München oder New York. Diese großen Parkanlagen waren alle in der Ebene geplant und haben keinen Fluss in der Mitte und keine Hügelketten am Rand, sondern sind nur von Häuserzeilen eingerahmt.

Die Eignung des Geländes für die Bundesgartenschau beschrieb der Gartendirektor von Karlsruhe, Robert Mürb, dem Rat der Stadt Bonn am 20. März 1969 wie folgt: „[...] Ohne Übertreibung kann festgestellt werden, daß die offene Talaue mit dem Rhein vor dem Panorama des Siebengebirges einen Rahmen darstellt, den bislang noch keine Bundesgartenschau aufweisen kann [...]"

In Bezug auf die städtebauliche Situation konnten wir an die Tradition des großen Landschaftsarchitekten Peter Joseph Lenné anknüpfen. Der berühmte Sohn der Stadt, der am 29.09.1789 in Bonn am Alten Zoll geboren wurde, hatte für die Stadtentwicklung von Berlin in der ersten Hälfte des 19. Jahrhunderts die entscheidenden Pläne entworfen.

Sein Werk „Projectirte Schmuck- und Grenzzüge von Berlin mit nächster Umgebung" von 1840 sowie seine weiteren Einzelplanungen für Stadterweiterungen sind nach wie vor beispielhaft. Lenné bepflanzte die wichtigsten Stadträume wie Straßen,

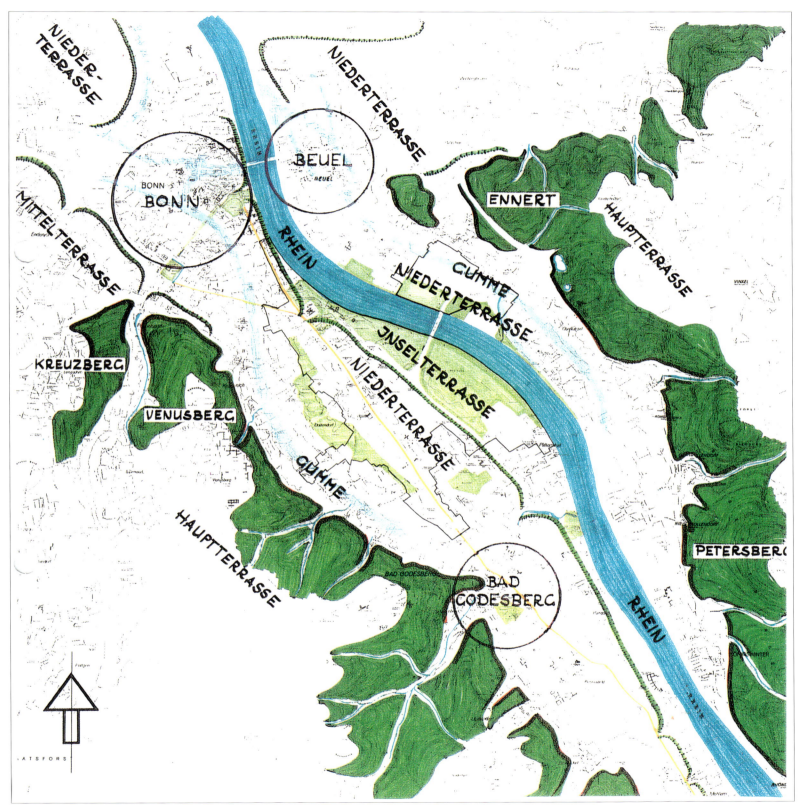

Der Landschaftsraum längs des Rheins ist dominant. Er wird durch die bewaldeten Hänge der ihn begrenzenden Hochterrasse (dunkelgrün dargestellt) und von der Mächtigkeit des Rheinstroms (türkis) bestimmt. Der Plan macht deutlich, dass die Bewegung der Landschaft parallel zum Rhein verläuft. Die Niederterrassen und die Jüngste Terrasse, die Inselterrasse (beide hellgrün dargestellt), bilden die naturräumlichen Gegebenheiten für die Planung der Rheinaue. Die Rheinaue liegt zwischen Bonn, Beuel und Bad Godesberg in den noch nicht besiedelten Gebieten am Rhein.
Die Jüngste Terrasse, das Gebiet der Rheinaue, wurde vor der Regulierung des Rheins regelmäßig überschwemmt, selbst heute noch sind die tiefer liegenden Teile des Parks bei Hochwasser bedroht. Plan: Büro Hansjakob

Plätze und Grünanlagen vor der Bebauung. Damit wurden im Berlin der Gründerzeit großzügige Freiräume geschaffen, die heute noch ein unschätzbares Kapital an Stadtgrün bilden.

Der Rheinauenpark wurde von uns, aufbauend auf der vorhandenen Flusslandschaft des Rheins mit seinen ehemaligen Altarmen und Rheinterrassen, als Landschaftspark und als Stadtpark geplant und in drei unterschiedliche Bereiche aufgeteilt:

1. Die Rheinufer mit den Rheinpromenaden

Die vorhandenen Rheinpromenaden von Bonn und Bad Godesberg sowie von Beuel und Oberkassel haben wir durch den Ausbau der fehlenden Zwischenstücke zu langen, zusammenhängenden Uferpromenaden bzw. Uferwegen im ganzen Stadtgebiet verbunden.

Durch die Einbeziehung des Beueler Ufers wurde der breite Rheinstrom zum Mittelpunkt des Parks, eingerahmt von den rechts- und linksrheinisch ansteigenden Parkanlagen, die die Tallage betonen.

2. Der Parkbereich mit Auensee

Die Auen- und Parkzonen sind in unserer eigenen Formensprache landschaftlich gestaltet. Die Anlage des Auensees erfolgte im Bereich der Altarme des Rheins, die durch die Regulierung trockengelegt waren. Die Parkzone zeigt noch mehr als die Uferzone die Merkmale des Landschaftsparks mit großen und kleinen Räumen sowie den dazu passenden Bäumen.

Die Autobahn läuft quer zur Landschaft durch den Park und sprengt mit ihren Dimensionen den Maßstab. Für ihre Einbindung in den Park wurden alle Elemente der Landschaftsplanung eingesetzt: Die Wasserflächen, der See, die Wege und die Bodenbewegungen führen in Längsrichtung des Rheins unter der Autobahnbrücke hindurch. Die Bepflanzung mit hochstämmigen Bäumen verdichtet sich im Bereich der Brücke, ihre Kronen schirmen das breite Band der Brücke kulissenartig ab. Für den Fußgänger entsteht dadurch der Eindruck, als schwebe sie über dem Park.

Der Brückenkopf, das Auflager der Autobahn in der Rheinaue, liegt rechts- und linksrheinisch nicht mehr auf einem Damm, sondern zwischen zwei großen Aussichtshügeln im Tal. Zusätzlich wurde ein 60 Meter breiter Durchgang unter der Autobahnbrücke für den Höhenweg und die Stadtbahnhaltestelle geschaffen.

3. Die Aussichtsterrasse mit den Höhenwegen

Die Aussichtsterrasse mit den Höhenwegen erstreckt sich von der Gronau bis Plittersdorf entlang der Hangkante der Niederterrasse. Sie schirmt den Park optisch und akustisch gegen die dominanten Verkehrsbauwerke Autobahn und Zubringer ab.

Die Integration der Straßenbauwerke wurde zu einer tragenden Idee für das Gestaltungskonzept der Rheinaue: Die von den Verkehrsbauwerken zerstörten Rheinterrassen (Niederterrasse und Jüngste Terrasse) wurden in Form der Aussichtsterrasse wiederhergestellt.

Lageplan der Rheinaue aus dem Jahr 1979 mit den rechts- und linksrheinischen Parkanlagen. Auffallend sichtbar ist im Plan die damals noch notwendige Umgehung des Zementwerks. Das letzte Stück der Uferpromenade, am Zementwerk vorbei, konnte erst 1998 fertiggestellt werden. Linksrheinisch fehlte noch der Ausbau der Gronau und der Rheinuferpromenaden bis zum Alten Zoll.
Plan: Büro Hansjakob

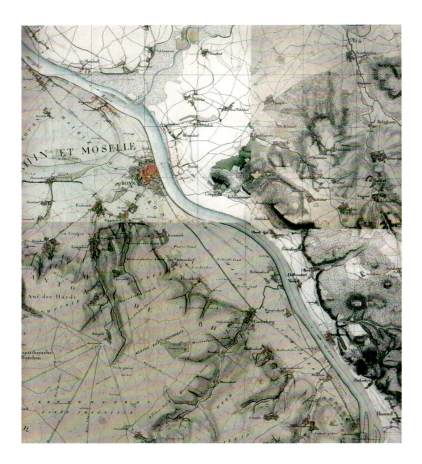

Der Rhein verlässt das romantische Mittelrheintal und fließt in die Bonner Bucht. Die rechtsrheinisch gelegenen Höhenzüge des Siebengebirges mit Petersberg und Drachenfels und linksrheinisch, im Westen, der Venusberg erweitern den Landschaftsraum und bilden die Kulisse für den Rheinauenpark. Das Siebengebirge wurde aufgrund der Schönheit seiner Landschaft 1922 zum ersten Naturschutzgebiet in Deutschland erklärt. Karte: Stadt Bonn

Die Höhenlage ermöglicht einen erlebnisreichen und perspektivisch deutlich vergrößerten Überblick über die Rheinaue und zu den gegenüberliegenden Hügelketten von Petersberg, Venusberg, Drachenfels und Ennert.

Es war unsere Planungsabsicht, mit den Prinzipien des Landschaftsparks und in unserer eigenen Formensprache die Illusion der ungestörten Natur herzustellen. Ein wesentliches Merkmal der Rheinaue ist die inszenierte Perspektive in das Rheintal. Aufgrund der hervorragenden Lage wird immer wieder über eine Bebauung in oder am Rand der Rheinaue diskutiert.
Um die Illusion der ungestörten Natur aber aufrechterhalten zu können, müssen Bauwerke am Rand der Parkanlage in ihrer Höhenentwicklung unter den Baumkronen bleiben. Jede höhere Bebauung im Blickfeld des Rheintals würde diese Illusion stören und den Maßstab verändern.

Es genügt nicht, dass eine Parkanlage einfach funktioniert, sie muss die Menschen, die sie besuchen, auch emotional berühren. Ein Park, dessen raumbildende Bepflanzung erst in langen Jahren wächst und sich entwickelt – Bäume können über 100 Jahre alt werden –, kann nicht kurzlebigen Moden unterworfen sein. Nach- und Werthaltigkeit zeichnen einen guten Park aus: Wir haben in den Parkanlagen nur Materialien und Pflanzen verwendet, die über eine lange Lebensdauer verfügen. Die Schönheit der bekannten historischen Gartenanlagen besteht in ihrer einfachen und zeitlosen ästhetischen Komposition.

Schrägaufnahme der Rheinaue von Süden in Richtung der Bonner Innenstadt
Luftbild: Lauber

2.1 DAS GRÜN- UND FREIRAUMKONZEPT FÜR DAS PARLAMENTS- UND REGIERUNGSVIERTEL
Bepflanzung vor Bebauung

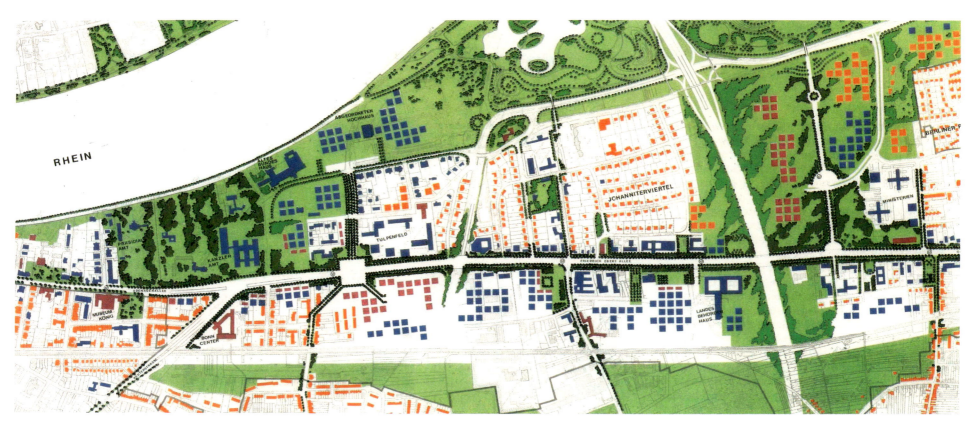

Das Stadtplanungsamt der Stadt Bonn „[…] erarbeitete 1976 einen Rahmenplan-Entwurf, der dem Gemeinsamen Ausschuß am 3. Dezember 1976 vorgelegt worden ist […] – bleibendes Attribut der Regierungsviertel-Rahmenplanung. Hervorstechendes Merkmal dieses Konzeptes ist, daß ergänzend zu dem Nutzungskonzept (die Abbildung zeigt einen Ausschnitt) ein im wesentlichen von dem Garten- und Landarchitekten Hansjakob (München) erarbeitetes Grün- und Freiraumkonzept vorgelegt wurde für den gesamten Straßenzug der B9 und für dessen Platzanlagen und Querachsen unter Berücksichtigung der Rheinauenplanung des selben Verfassers. […]
Das Grünkonzept sollte zeitlich unabhängig von der umgebenden Randbebauung verwirklicht werden können. […]
Die Diskussion des Rahmenplan-Entwurfes führte zu einer umfassenden Empfehlung des Gemeinsamen Ausschusses (25.5.1977), in der […] die Vorrangigkeit der Grüngestaltung entlang der gesamten B9 genannt wurde. […]"
(Auszug aus der Dokumentation der Stadtverwaltung Bonn „Ausbau der Bundeshauptstadt – 10 Jahre Hauptstadtvereinbarung 1975 – 1985")

Von der Rheinauenplanung gingen wesentliche Impulse für die Stadtplanung der umgebenden Stadtteile aus. Mit der Planung des Rheinauenparks und seiner Einbindung in die umgebenden Stadtgebiete wurde uns 1976 von der Stadt Bonn der Planungsauftrag für ein Grünkonzept Parlaments- und Regierungsviertel übertragen. Aufbauend auf dem städtebaulichen Rahmenkonzept für das Parlaments- und Regierungsviertel der Gruppe Hartberg, Bonn, entwickelten wir mit der Stadtplanung in Bonn (Amtsleiter: Paul Epping) die Idee, aus der Adenauerallee eine „Regierungsallee" zu machen, um den Bebauungsdruck von der Rheinaue zu nehmen. Die wichtigsten Bauwerke der Bundeshauptstadt sollten nicht am Rande der Rheinaue stehen, sondern einen städtebaulich repräsentativen Rahmen erhalten. Inzwischen haben sich entlang der Regierungsallee u. a. verschiedene Museen, die Bundeskunsthalle, das Haus der Geschichte und die Parteizentralen niedergelassen. Damit wurde aus der Regierungsallee zunächst die „Diplomatenrennbahn" und später die „Museumsmeile". Aus heutiger Sicht war dies ein essenzieller Beitrat zur Bonner Stadtentwicklung.

Das Grün- und Freiraumkonzept für das Regierungsviertel ist im Wesentlichen von drei Elementen geprägt:

– dem Rheinauenpark als übergeordnetes Landschaftselement
– der sogenannten „Regierungsallee" zwischen Bad Godesberg und Bonn mit Alleen und begrünten Stadtplätzen als verbindende Elemente zwischen den ehemals selbstständigen Städten
– den Verflechtungszonen der Regierungsallee mit der Rheinaue und die Verbindung zu den Ortschaften am Fuße des Venusbergs.

Die Rheinaue und die Regierungsallee mit ihren angelagerten Grünflächen und Plätzen sind das Rückgrat der städtebaulichen Grünbezüge im Regierungsviertel. Die Hangkante entlang der Niederterrasse des Rheins, zwischen Gronau und Plittersdorf, bildet die natürliche topografische Grenze des Rheinauenparks zur städtischen Bebauung. Über Querachsen ist der Park mit der Regierungsallee verbunden. Wie in der Rheinaue bereits seit 1970 praktiziert, wurde von uns empfohlen, die wesentlichen Grünstrukturen des übrigen Regierungsviertels (Alleen, Grünzüge und Plätze) sofort und unabhängig von der Bebauung zu bepflanzen. Es dauert 20 bis 30 Jahre, bis Bäume ihre Endgröße erreicht haben. Es war daher sinnvoll, die Freiraumstruktur durch Bepflanzung herzustellen, an der sich Bebauung und Verkehr im Laufe der Zeit je nach Bedarf orientieren können.

Jetzt, 35 Jahre später, kann man genau ablesen, ob und wo die Stadt unserer damaligen Empfehlung gefolgt ist. Leider ist die großzügige Verbindung von Bad Godesberg Nord zur Rheinaue nicht verwirklicht worden.

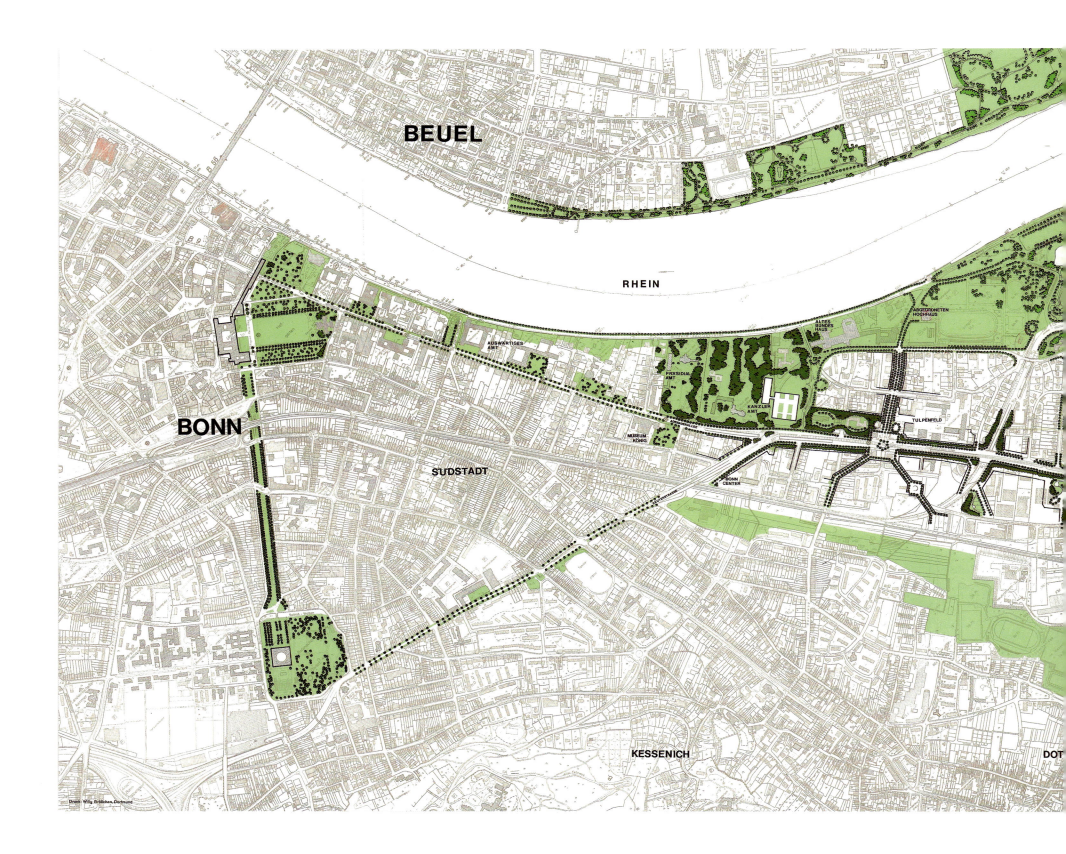

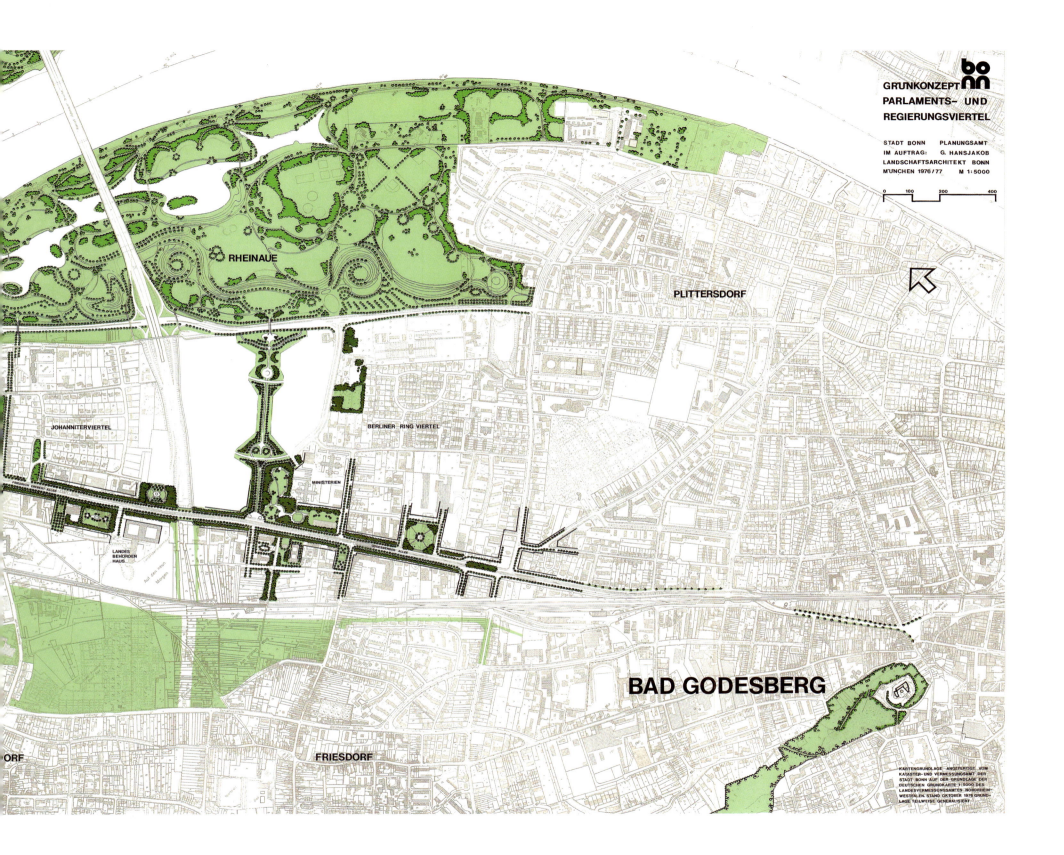

3. DIE BEPFLANZUNG DES RHEINAUENPARKS
Bäume bilden Räume – vom Auen- zum städtischen Bereich

Große Teile des heutigen Rheinauenparks waren bis 1850 regelmäßig überfluteter Auenwald.
Seit der Regulierung des Rheins und der damit verbundenen Eintiefung wird das Gebiet jetzt nur noch bei mittlerem Hochwasser und Höchsthochwasser überflutet. Ende des 19. Jahrhunderts wurde der Auenwald gerodet, um die Fläche landwirtschaftlich nutzbar zu machen. Die Gesamtfläche des jetzigen Parks war daher – bis auf einige Uferbäume – baumlos. Nur ein schmaler Streifen entlang des Rheins, der sich im Besitz der Wasser- und Schifffahrtsbehörde befand, war mit einzelnen Pappeln und Weiden bewachsen.

Auch die rechtsrheinischen Gebiete wiesen nur eine Uferbepflanzung auf, dahinter schlossen sich ebenfalls ausgeräumte landwirtschaftliche Nutzflächen an. Die wenigen Bäume, die noch erhalten waren, wurden von uns in das Gesamtkonzept einbezogen. Die Stadt Bonn hatte in der Gronau schon Ende des 19. Jahrhunderts einen Volkspark gebaut und bepflanzt; die Bastion ist heute noch vorhanden. 1928 wurden dann die Anlagen um den Sportpark erweitert. Der schöne alte Baumbestand aus Linden- und Eichenalleen und großen Buchen in der Gronau stammt aus dieser Zeit. Damit ist die Gronau die Urzelle des Volksparks Rheinaue, und dieses historisch bedeutsame Areal konnte entgegen allen ursprüng-

Seeufer mit Schilfbepflanzung
Foto: Hansjakob

Der Höhenweg ist mit hochstämmigen *Ailanthus* gesäumt, in deren Schatten Parkbesucher rasten.

Foto: Hansjakob

Luftbild von 1970, vor dem Ausbau der Rheinaue: Das Gebiet der Rheinaue zwischen Gronau und Plittersdorf war bis auf den Bereich der Gronau und einen schmalen Uferstreifen entlang des Rheins ohne Bäume. Die Autobahnbrücke zerschneidet das Gebiet; im Vordergrund sieht man den Langen Eugen mit dem Sportpark Gronau.
Foto: Archiv der Stadt Bonn

lichen Bauabsichten des Bundes mit der Rheinaue zu einer Einheit verbunden werden.

Die Größe und die Lage des Parks am Rhein erforderten bei der Bepflanzung einen Übergang vom Landschaftspark in den Stadtpark – von den landschaftlichen Zonen am Rhein und im Parkbereich zu den städtischen Zonen entlang der Baugebiete. Das Gelände wurde nach gartenkünstlerischen Prinzipien neu bepflanzt. Große, raumbildende und artenreiche Rahmenpflanzungen im Auenbereich und im Park wechseln mit Gruppen von Einzelbäumen ab, im Übergang zur Stadt mit Alleen und besonderen Baumarten. Gärtnerische Pflanzmotive wie Rosengarten und japanischer Garten wurden im Zuge der Bundesgartenschau als Schmuckpflanzung an wesentlichen Punkten, zum Beispiel auf der Aussichtsterrasse, konzentriert. Bei der Raumbildung war insbesondere zu berücksichtigen, dass die Maßstäbe durch das Höhenwachstum der Pflanzen stetiger Veränderung unterworfen sein würden. Die nach der Pflanzung noch kaum sichtbaren geplanten Parkräume sind jetzt, 35 Jahre später, sehr gut ablesbar. Die Maßstäbe haben sich verschoben und die geplanten Blickbeziehungen haben nun den richtigen Rahmen. In Teilen des Rheinauenparks muss man schon wieder überlegen, ob man die eine oder andere Baumart entfernt, damit die Höhenentwicklung der Bäume nicht die Sicht zum gegenüberliegenden Siebengebirge verstellt. Allerdings ist es nicht gewollt, dass der Besucher von jedem Standort aus alles sehen kann, ein gewisser „Aha-Effekt" ist intendiert. Die Hügel und der Höhenweg auf der Aussichtsterrasse gewährleisten einen besonderen freien Blick in die Landschaft und den Park. Die Parkräume orientieren sich – wie der Auensee – längs des Rheins und öffnen sich morgens zur Sonne. Die rechtsrheinische Seite ist mit ihrem höher liegenden Ufer von morgens bis abends zur Sonne orientiert.

Die wesentlichen Kriterien für die Auswahl der Bepflanzung waren:

1. Die pflanzensoziologischen und botanischen Aspekte.
2. Die städtebaulichen und landschaftlichen Zusammenhänge.
3. Die Erfordernisse aus dem Bereich Naturschutz, die Erhaltung der Retentionsflächen des Rheins, die Schaffung von Nistplätzen für Wasservögel und von Lebensräumen für Kleinlebewesen usw.
4. Die Bodenverhältnisse. Der Rheinauenpark wird aus zwei Talstufen des Rheins, der Niederterrasse

und der Jüngsten Terrasse gebildet, deren Bodenbeschaffenheit so verschieden ist wie der Fluss sie zurückgelassen hat. Es wechseln Sande, Kiese und Lehme unterschiedlicher Mächtigkeit (in tiefen Lagen zwei Meter reiner Lehm, in Hochlagen nur 20 Zentimeter lehmiger Humus). Der rechtsrheinische Teil, der der Trockenaue zugeordnet werden kann, besteht ausschließlich aus Flusssanden mit nur geringer Humusauflage. Bei unserer Bepflanzung mussten wir berücksichtigen, dass es sich vor allem in den tiefer gelegenen Bereichen um junge, unreife Auenböden handelte.

5. Das Bonner Klima und die Überschwemmungsbereiche des Parks.

Die drei Bereiche, in die wir den Park unterteilt hatten, wurden gemäß den vorher beschriebenen Gegebenheiten auch unterschiedlich bepflanzt:

1. Das Rheinufer mit den Rheinpromenaden:
– Landschaftlich gestaltete Gleitufer mit Schwarzpappeln, Silberweiden, Silberpappeln, Säulenpappeln und Trauerweiden an besonderen Plätzen,
– Gebaute Uferpromenaden mit hochstämmigen, kastenförmig geschnittenen Platanen, Säulenpappeln, Säuleneichen und Magnolien an besonderen Plätzen.

2. Der Parkbereich mit Auensee:
– Bereich, der bei Hochwasser überflutet wird, mit Auensee, Ulmen, Eichen, Eschen, Ahorn und Hainbuchen,
– Höher liegender Bereich, der nicht überflutet wird, mit Buchen, Linden, Ahorn, Kiefern und Eiben.

3. Die Aussichtsterrasse mit den Höhenwegen:
Aussichtsterrasse auf geschüttetem Boden mit einer städtischen Bepflanzung mit seltenen Baumarten.

Dr. Klaus Kramer vom Botanischen Institut der Universität Bonn hatte uns während der Planungsphase freundlicherweise darauf hingewiesen, dass es außer den gemeinhin als heimisch eingestuften Gehölzen, die auch von der Pflanzensoziologie als solche anerkannt werden, eine Reihe sogenannter „Exoten" wie *Sequoia* (Mammutbaum), *Liriodendron* (Tulpenbaum), *Catalpa* (Trompetenbaum), *Paulownia* (Blauglockenbaum), *Pterocarya* (Flügelnuss), *Calocedrus* (Weihrauchzeder) usw. gibt, die vor den Eiszeiten im Rheintal durchaus beheimatet waren, durch die Eiszeit aber verdrängt wurden. Beweise dafür lieferten Fundstellen fossiler Pflanzen beim Braunkohletagebau in der Kölner Bucht. Wie bekannt ist, sind diese Pflanzen aber beispielsweise in den gleichen Breitengraden und Klimagebieten Chinas und Nordamerikas nach der Eiszeit wieder nach Norden gewandert und dort heimisch geworden. Wir haben diese Anregung gern aufgegriffen, denn eine Verwendung dieser Baumarten stellt eine optische Bereicherung des Parks dar und passt in unser städtebauliches Konzept. Hinzu kommt, dass sich gerade diese Bäume schon seit dem 19. Jahrhundert in den wärmeren Stadtbereichen besonders gut bewährt haben.

Luftbild von 1985: Die völlig veränderte Rheinaue, jetzt der Rheinauenpark, mit der inzwischen sichtbar gewachsenen Bepflanzung. Die trennende Wirkung der Autobahnbrücke wird durch den durchgehenden See, die Bepflanzung und die Modellierung überspielt. Die Parklandschaft dehnt sich optisch bis in das Siebengebirge.
Foto: van der Ropp

Luftbild von 2005. Weitere 20 Jahre später – der Park wird erwachsen. Fast 30 Jahre nach der Pflanzung ist die geplante Raumwirkung sichtbar: fließende Parkräume durch Baumgruppen, Alleen und Wiesen, Durchblicke, die Differenzierung zwischen den einzelnen Pflanzungen, wie zum Beispiel die Alleen entlang der Wege auf der Aussichtsterrasse, die parkartige Bepflanzung um den See, am Rheinufer und im Parkbereich. Die Sicht auf die Autobahnbrücke wird in weiten Teilen durch die hoch gewachsenen Bäume verdeckt.

Foto: van der Ropp

Blick auf den südlichen Teil der Rheinaue in Richtung Bonn. Im Vordergrund das Forschungszentrum „caesar" mit den großen Parkwiesen und der Aussichtsterrasse entlang der Ludwig-Erhard-Allee, im Hintergrund die Rheinbögen, die durch die Stadt Bonn fließen

Foto: Lauber

Das Restaurant „Rheinaue" verfügt nicht nur über eine empfehlenswerte Gastronomie: Von der Terrasse bietet sich ein wunderschöner Blick über den Park bis in das Siebengebirge.

Foto: van der Ropp

4. DIE AUSSICHTSTERRASSE MIT HÖHENWEG
Ein Land-Art-Kunstwerk wird zur neuen Stadtlandschaft

Von der Gronau bis Plittersdorf erstreckt sich der erhöht liegende Teil des Parks entlang der Hangkante der Niederterrasse. Bevor nach 1945 auch in diesem Gebiet gebaut wurde, verlief hier die Grenze zwischen dem ehemaligen Überschwemmungsbereich des Rheins und der städtischen Bebauung. Diese für die Landschaftsplanung geologisch und städtebaulich wichtige Grenze war dann durch Straßenbauten (die heutige Petra-Kelly-Allee und die Ludwig-Erhard-Allee) sowie die Autobahn quer über den Rhein zerstört worden.

Es war eine wesentliche städtebauliche Idee der Rheinauenplanung, mit der Bodenmodellierung den Charakter der beiden Flussterrassen, Niederterrasse und Jüngste Terrasse, wieder herauszuarbeiten. Damit entstand auch eine auf der ganzen Länge des Parks eindeutige Abgrenzung zur städtischen Bebauung. Die Bodenmodellierung wurde das Bindeglied zwischen Stadt und Park.

Da die Straßenbauten und die Autobahn zudem einen großen Lärmschutz erforderlich machten, hatten wir die für die damalige Zeit innovative Idee, eine solche Bodenmodellierung in Form eines Erdkunstwerks zu bauen und diesem damit ein architektonisch-urbanes Gesicht zu geben.
Beeinflusst wurden wir dabei von der Land-Art-Bewegung, einer Ende der 1960er Jahre in Amerika entstandenen Strömung der Bildenden Kunst, die

Im Frühling bieten die roten und weißen Kastanien ein wunderbares Farbschauspiel.
Foto: Gellrich

auch der Landschaftsarchitektur als Inspirationsquelle diente. Wir verbauten rund 2,5 Mio. Kubikmeter Erde unter Einbindung der sechs Meter hohen Terrassenkante des Rheins zu einem „Land-Art-Kunstwerk". Schüttungen in einem solchen Ausmaß hatte es bis dato bei Land-Art-Kunstwerken noch nicht gegeben.

Bei der Verwirklichung dieses „Bauwerks" gab es das große Problem, kurzfristig so große Mengen brauchbaren Bodens für die Erdhügel zu beschaffen. Allein in der Stadt Bonn und Umgebung war dies nicht möglich. Uns kam der Zufall zu Hilfe, denn auf der gegenüberliegenden Seite des Rheins wurde eine Autobahn gebaut und dort war man froh, den Aushub einer sinnvollen Verwendung zuführen zu können. So kamen wir kostengünstig an brauchbares, sauberes Material für die Aufschüttung der Erdhügel. Entgegen der Warnungen vieler Fachleute hat es trotz der hohen Schüttungen (sechs bis zehn Meter) keine Setzungen in den Böschungen gegeben, die mit einer durchgehenden Neigung von 1:3 angelegt wurden und bis heute ihre präzisen Formen behalten haben.

Das Erdbauwerk weist eine völlig eigenständige und neuartige architektonische Form auf. Mit ihrer artifiziellen Gestalt, den kegelförmigen Erhebungen, den Auf- und Abgängen, den langgezogenen Böschungen und den hochstämmigen Kastanien und Götterbäumen entlang des Höhenwegs bildet die Aussichtsterrasse eine markante Silhouette vor dem Hintergrund des Parks und zugleich den Rahmen für die Auenlandschaft. Hier spiegelt sich in komprimierter Form die Situation des Rheintals an dieser Stelle.

Der Höhenweg bietet eine vorzügliche Sicht über den Park und dient so der Orientierung. Der Blick schweift über die Rheinaue und das gesamte Rheintal bis hin zu den gegenüberliegenden

Plankonzept von 1975
Die Aussichtsterrasse erstreckt sich als breites Band am Rande der Rheinaue von der Gronau bis Plittersdorf. Sie bildet den Übergang zum städtischen Bereich. Die Kante der Niederterrasse ist die natürliche Grenze der Bebauung (in rot eingezeichnet) und sollte auch weiterhin als Baulinie zur Rheinaue bleiben.
Plan: Büro Hansjakob

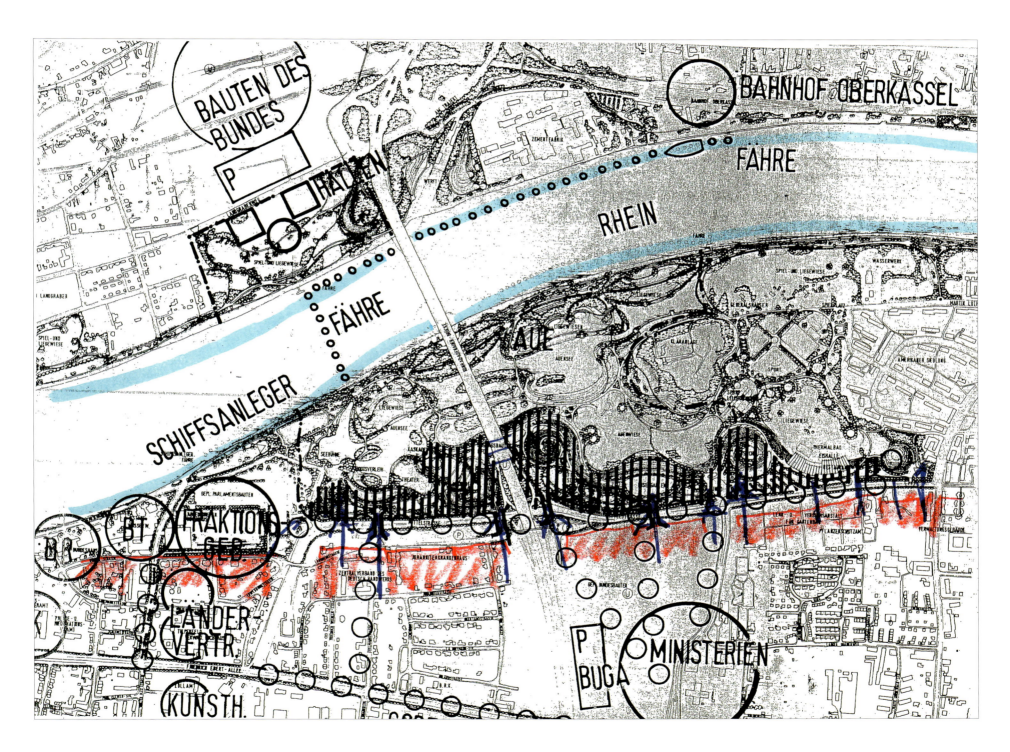

Die roten Kastanien am Glockenhügel werfen ihre Schatten auf die Bodenmodellierung.
Foto: Hansjakob

Ein Konstruktionsplan des Großen Aussichtshügels südlich der Autobahn mit der 60 Meter breiten Fußgängerunterführung an der Stadtbahnhaltestelle „Rheinaue". Die in den Aussichtshügel eingeschnittenen Wege erforderten eine genaue Berechnung der Wege und der immer gleichen Böschungsneigung in einem Verhältnis 1:3.
Plan: Büro Hansjakob

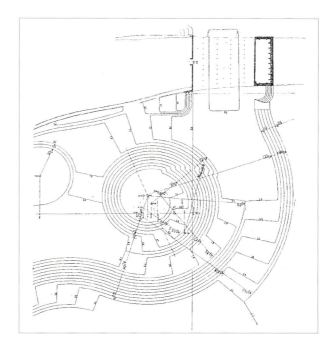

Mittelgebirgen. Die kegelförmigen Erhebungen bilden mit den Hügelketten von Petersberg und Siebengebirge eine perspektivische Einheit.

Neben der ästhetischen erfüllt die Aussichtsterrasse auch verschiedene praktische Funktionen. So dient sie als Lärm- und Sichtschutz vor den den Park begrenzenden Hauptstraßen. Außerdem nimmt sie die Eingänge von Parkplätzen, Bus- und U-Bahnhaltestellen auf; die Wegeverbindungen verteilen sich hier.

Die Aussichtsterrasse ist waagerecht angelegt. Durch die schrägen Anschnitte der Wege in den Böschungen in Richtung Aussichtshügel oder in den tiefer liegenden Park ergeben sich immer wieder wechselnde Blickachsen. Die Schattenbilder, die das Relief der Aussichtsterrasse wirft, verschieben sich mit dem Sonnenstand im Laufe des Tages von Ost nach West. Im Winter, bei tief stehender Sonne, treten die Konturen des Reliefs besonders deutlich hervor.

Trotz seiner Größe wirkt der Erdkörper nie monumental, sondern ist optisch so interessant, dass er die Autobahn vergessen lässt, die eingebettet zwischen den zwei großen Kegeln verschwindet. Die Höhenwege münden in einen großen Platz vor der breiten Autobahnunterführung. Erst unmittelbar unter der Autobahn ist der Verkehrslärm wahrnehmbar. Im Norden, Richtung Gronau und Innenstadt, verjüngt sich der Park und mit ihm die Aussichtsterrasse, die hier an Höhe verliert und sich dem Niveau der Unterführung angleicht. Die Ausformung der Modellierung wechselt von konvex im Südteil zu konkav im Nordteil des Parks.

An der Kaskade führt die Aussichtsterrasse bis an den See heran. Die Wege verlaufen auf gleicher Höhe über eine große Brücke am Platz des Post Towers vorbei zur Kurt-Schumacher-Straße. Die vorgelagerte, künstlich geformte Hangkante geht an dieser Stelle (Post Tower und Deutsche Welle) wieder in die natürliche Hangkante über und setzt sich beim Wilhelm-Spiritus-Ufer bis zum Alten Zoll und weiter nach Norden hin fort.

Der große Aussichtshügel
an der Stadtbahnhaltestelle
„Rheinaue" ist mit hochstämmigen Platanen gekrönt.
Foto: Hansjakob

Einer der Haupteingänge in die Rheinaue liegt an der Ludwig-Erhard-Allee. Von hier aus kann man direkt auf den Glockenhügel wandern und einen ungestörten Ausblick in die Rheinaue genießen.
Am Beispiel des Glockenhügels ist gut zu erkennen, wie die artifizielle Bodenmodellierung in der Bepflanzung und in der Wegeführung aufgenommen wird.   Foto: Stadt Bonn

Die kegelförmigen Erhebungen auf der Aussichtsterrasse formen mit den gegenüberliegenden Hügelketten von Petersberg und Siebengebirge eine perspektivische Einheit. Durch die schrägen Anschnitte der Wege in den Böschungen ergeben sich immer wieder neue Blickperspektiven und das Relief der Aussichtsterrasse und seine Schattenbilder wechseln ständig mit dem Sonnenstand.

Foto: van der Ropp

Das Luftbild zeigt eindrucksvoll das Landart-Kunstwerk südlich der Autobahnbrücke bis zum Forschungszentrum „caesar": ein harmonisches Zusammenspiel von Bodenbewegung, Rasenflächen, Wegen und Bepflanzung, das die Einrichtungen vom Rosengarten bis zum Restaurant integriert. Die neugeformte Hangkante bildet eine markante Silhouette zum Park und den Rahmen zum sechs Meter tiefer liegenden Auenpark.

Foto: Lauber

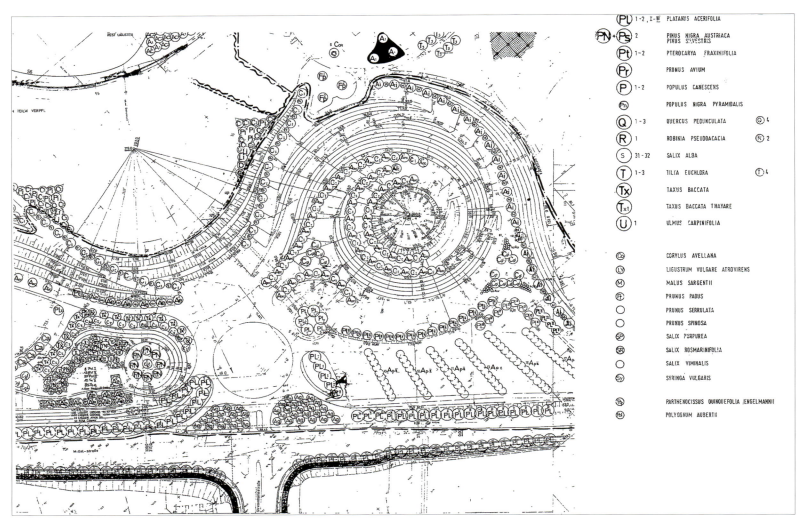

Ausschnitt aus dem Pflanzplan mit Pflanzangaben und Pflanzenliste. Die Bepflanzung, die Wegeführung und die Bodenmodellierung sind eine formale Einheit. Die Baum- und Straucharten sind in ihrer Wuchshöhe und ihrer Blütezeit genau auf die Eingangssituation, die Form des Hügels und die beabsichtigten Ausblicke abgestimmt.

In der flachen Wintersonne ist das Relief der Modellierung besonders gut sichtbar. Rasenböschungen stufen sich terrassenförmig zum Park ab und werden im Sommer wie im Winter als Spielplatz angenommen.
Foto: van der Ropp

Die Arena im Winter
Foto: Presseamt der Stadt Bonn, Sondermann

Die Freilichtbühne mit Sitzstufen ist in die Hangkante des Höhenwegs eingebaut und von Bäumen eingerahmt. Vorgelagert im Rasen ist die ovale Spielfläche.
Foto: Stadt Bonn

Zu den Attraktionen in der Rheinaue gehört die Arena mit Sitzstufen. Das Freilichttheater, für Musik- und Theateraufführungen geplant, ist ein beliebter Treffpunkt für spontane Veranstaltungen.
Foto: Hansjakob

Blick von der Gronau nach Süden vor dem Ausbau der Rheinaue Anfang der 1970er Jahre: Mit dem Bau der Autobahn und ihren Zubringern wurde die Hangkante der Niederterrasse zerstört. Im Vordergrund die Sportflächen der Gronau, links im Bild das Gelände der Rheinaue.

Foto: Archiv der Stadt Bonn

2,5 Mio. Kubikmeter Bodenmodellierung waren notwendig, um den Park von den Straßenbauten abzuschirmen. Mit der aufwendigen künstlerischen Ausformung des Erdkörpers und seiner Bepflanzung sowie den Alleen entlang der Verkehrswege konnten diese Straßenbauten in das Stadt- und Landschaftsbild integriert werden.

Foto: Presseamt der Stadt Bonn, Sondermann

Flieder (*Syringa chinensis*) begleitet den Höhenweg zum nördlichen Aussichtshügel.
Foto: Gellrich

Die farbenprächtige Fliederblüte kündigt den Frühling an.   Foto: Gellrich

4.1 DIE BEPFLANZUNG DER AUSSICHTSTERRASSE
Seltene Bäume im neuen Stadtpark

Die Bepflanzung der Aussichtsterrasse unterscheidet sich vom übrigen Parkbereich durch eine völlig andere Auswahl und Anordnung von Bäumen und Sträuchern und gleicht eher der eines Stadtparks mit ihren Alleen aus Schatten spendenden, weiß und rot blühenden Kastanien, Platanen oder fiederblättrigem *Ailanthus* (Götterbaum) mit duftenden Blüten.

Baumarten wie *Sequoia* (Mammutbaum), *Liriodendron* (Tulpenbaum), *Paulownia imperialis* (Blauglockenbaum) und *Pterocarya* (Flügelnuss) haben sich seit dem 19. Jahrhundert im Stadtbereich bewährt, teilweise, weil sie hitze- und trockenheitsresistenter sind als unsere heimischen Gehölze. Im Frühjahr blühen die japanischen Kirschen, die Japan der Stadt Bonn zu verschiedenen Anlässen geschenkt hat. Weitere Höhepunkte sind der von kleinkronigen, kugelförmigen Akazien umrahmte Rosengarten und der japanische Garten.

Eine besondere Funktion auf der Aussichtsterrasse erfüllen die Nadelbäume. In Gruppen gepflanzte Kiefern unterschiedlicher Arten (z. B. *Pinus nigra*, *Pinus sylvestris*) bilden den Raum gegen die Straße, während Zedern und *Metasequoia* (Urweltmammutbäume) als Solitärbäume ihren Reiz entwickeln.

Rot und weiß blühende Kastanien auf der Aussichtsterrasse
Foto: Hansjakob

Frühling auf der Aussichtsterrasse: Die Kastanien (*Aesculus hippocastanum*) blühen bereits, der Chinesische Götterbaum (*Ailanthus altissima* oder *glandulosa*) ist erst im Austrieb.
Foto: Hansjakob

Die Esskastanie (*Castanea sativa*) trägt eine Fülle grüner, stacheliger Früchte, die nur in warmen Sommern reifen.
Foto: Hansjakob

Catalpa bignonioides wirkt durch seine großen, herzförmigen, hellgrünen Blätter, seine dekorativen weißen Blüten, Rispen und zigarrenartigen Früchte.
Foto: Hansjakob

Auf der Aussichtsterrasse über dem Wasserfall stehen Gruppen von Atlaszedern (*Cedrus atlantica* 'Glauca'). Die Atlaszeder mit ihrer malerischen, weitausladenden Krone, kann sehr alt werden. Die Bäume im Bild sind noch im „Jungendstadium".

Foto: Hansjakob

Der Urweltmammutbaum (*Metasequoia*) überragt in seinem aufrechten Wuchs die umstehenden Bäume. Er ist eine ausgestorben geglaubte fossile Art, ein laubabwerfendes Nadelgehölz mit weichen Nadeln. Zum Erstaunen der Fachwelt wurde er 1941 in China wiederentdeckt.

Foto: Hansjakob

Der Große Aussichtshügel (im Bild oben) stuft sich wie eine Arena in breiten Terrassen in Richtung Kaskade ab. Ein besonderer Höhepunkt sind die drei mit Linden überstellten Plätze auf der Kuppe des Hügels, an denen sich alle Wege treffen. Die beiden symmetrisch rechts und links aufsteigenden Wege werden von Fliederbüschen flankiert, während die halbkreisförmige Bepflanzung auf der Rückseite des Hügels aus Kiefern und weiß blühenden Kirschen den Raum gegen die Autobahn schließt. Auch der Hauptweg am Fuß des Hügels und die drei begleitenden Sommerblumenbeete nehmen die Form des Hügels auf. Die Aussichtsterrasse über der Kaskade am See ist mit Zedern eingefasst. Die Blickachse vom Aussichtshügel führt über die Kaskade zum See mit seiner Insel in den Park und lenkt den Blick von der Autobahn ab. Foto: Stadt Bonn

Im August verströmen die Blüten von *Ailanthus altissima* einen feinen Duft. Im gemäßigten Bonner Klima gedeiht der fiederblättrige Chinesische Götterbaum hervorragend. Foto: Hansjakob

Der Rosengarten ist symmetrisch in Form von Blütenblättern aufgebaut und räumlich gestaffelt: Das Zentrum als Kelch ist der Springbrunnen, der von kleinkronigen Kugelakazien umrahmt wird, dann folgen die niedrigen Blütenblättern nachempfundenen Rosenbeete. Den Hintergrund bilden mit Rosen berankte Pergolen mit Blick auf die Beete. Abgeschlossen wird der Garten durch Großbäume: im Vordergrund des Bildes Kastanien, im rückwärtigen Teil *Catalpa*.
Foto: Lannert

4.2 DER ROSENGARTEN
Großer Auftritt für die Königin der Blumen

Kein Park ohne Rosen – auch in der Rheinaue sollte nicht auf die Königin der Blumen verzichtet werden, und so gewährten wir ihr einen gebührenden Platz gleich in der Eingangszone. Von der Achse aus gesehen, die in ihrer Verlängerung über die Brücke eine Verbindung nach Godesberg Nord schafft, sind die Rosenbeete wie schmale Blütenblätter rechts und links um den Springbrunnen angeordnet.

Der Rosengarten wurde zur BUGA 1979 als Dauergarten angelegt. Aktuell beranken Kletterrosen die Pergolen, die die im Randbereich eingerichteten Sitzgelegenheiten überdachen. Die vier mit Taxushecken eingefassten Beete sind mit Edelrosen in verschiedenen Sorten bepflanzt. In den mit *Buxus*-Hecken umsäumten runden Beeten um den Springbrunnen befinden sich Hochstammrosen. Die Flächen zwischen den „Blütenblättern" sind mit bodendeckenden Rosen bepflanzt, während in den äußeren runden Beeten rechts und links in den Wiesenflächen Strauchrosen wachsen.

Eingefasst wird der Rosengarten von Kastanien und vor allem *Catalpa* (Trompetenbäume), deren große Blätter und weiße Blüten im Spätsommer einen sehr dekorativen Rahmen bilden.

Ein Bild aus den Anfangsjahren des Parks. Die Bäume sind noch klein, doch die Rosen entfalten bereits ihre ganze Blütenpracht.
Foto: van der Ropp

Der Springbrunnen hat eine hohe Mittel- und kleine Seitenfontänen, die im Kreis angeordnet sind. Rundum sind niedrige geschnittene Eibenhecken und Sitzbänke im Schatten der Kugelakazien angelegt.
Foto: Hansjakob

Einzeln gepflanzte Trompetenbäume (*Catalpa bignonioides*) umrahmen den Rosengarten. Wenn sie im Sommer ihre kelchförmigen weißen Blüten öffnen, erfüllt das Summen der von ihnen angelockten Bienen die Luft.
Foto: Hansjakob

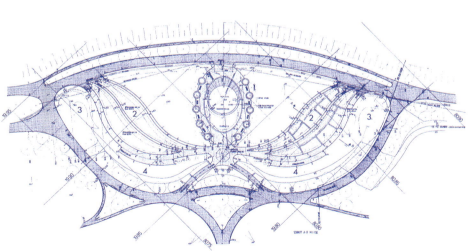

Konstruktionszeichnung des Rosengartens in Form einer Blüte mit den seitlichen Blütenblättern und dem Springbrunnen in der Mitte. Von der Brücke über die Ludwig-Erhard-Straße kommend öffnet sich der Rosengarten axial zum Park.
Plan: Büro Hansjakob

Die verschneite Aussichtsterrasse mit Blick über den Auensee
Foto: Presseamt der Stadt Bonn, Sondermann

Der Geländesprung von der Aussichtsterrasse zu dem tiefer liegenden See wird durch die Kaskade und die darüberliegende Aussichtsbastion inszeniert. Im Hintergrund sieht man den terrassenförmig gestuften Aussichtshügel. Die Kaskade ist am Ufer des Sees von Trauerweiden und niederen weißblühende *Aesculus parviflora* eingerahmt.
Foto: Lannert

4.3 DIE KASKADE
Frischwasser für den See

Die Kaskade hat ihre eigene Geschichte, die über die Rheinaue hinausreicht. Ihre Vorbilder sind die wunderschönen Treppenanlagen mit Aussichtsbastionen am Wilhelm-Spiritus-Ufer, die den Geländesprung der Niederterrasse zum Rhein überwinden, der sich vom Alten Zoll in Bonn über die Gronau bis nach Plittersdorf zieht und in der Rheinaue in Form der Aussichtsterrasse wieder sichtbar gemacht wird. Die Kaskade wiederholt das Motiv der Treppen, die zur Rheinpromenade hinunterführen, und interpretiert es neu.

Im Gegensatz zu den nach außen gewölbten Bastionen am Rhein ist die mit Basalt verkleidete Kaskade konkav gebaut. Der leicht gekrümmte Landschaftsraum geht von der Kaskade in den Aussichtshügel über, der die gleiche Krümmung aufweist. Der obere Bereich am Aussichtshügel hat eine Krone aus hochstämmigen Linden, die Wege hinauf sind mit Flieder bepflanzt, der im Mai in voller Blüte steht. Die raumbildende Bepflanzung besteht aus Zedern, Eiben und Kiefern, die Wegeachsen werden durch *Metasequoia* (Urwaldmammutbaum oder Chinesisches Rotholz) betont.

Vom Auensee aus ist die Kaskade weithin sichtbar und bildet den optischen Bezugspunkt an den sonst so weich landschaftlich geformten Ufern des Sees. Ihr Wasser speist das notwendige Frischwasser in den Auensee ein.

Im Sommer spendet das sprudelnde Wasser den Parkbesuchern angenehme Kühle. Über die Kaskade wird der See mit Frischwasser versorgt. Sie ist eine von mehreren Seeeinspeisungen.
Foto: van der Ropp

Das Wasser erstarrt im Winter zu dekorativen Eissäulen. Die Architektur orientiert sich an den Treppenanlagen des Wilhelm-Spiritus-Ufers: Die Mauer der Kaskade ist mit kristallinen Basaltstelen verkleidet, Balustrade, Wasserspeier, gemauerter Bogen und Gesims bestehen aus Basaltlava.
Foto: Presseamt der Stadt Bonn, Sondermann

Detailabbildung des oberen Teils der Kaskade
Foto: Stüber

Der Herbst bringt die Blattformen der teils aus Japan eingeflogenen Bäume besonders gut zur Geltung.
Foto: Presseamt der Stadt Bonn, Sondermann

4.4 DER JAPANISCHE GARTEN
Ein Band der Treue zwischen Japan und Deutschland

Auf Einladung des damaligen Bürgermeisters der Stadt Bonn, Dr. Hans Daniels, beteiligte sich die japanische Regierung mit einem Beitrag an der Bundesgartenschau 1979 und betraute den Präsidenten ihres Landschaftsgestaltungsverbandes, Dr. Akiro Sato, mit der Planung und Durchführung eines Gartenbereichs im traditionellen japanischen Stil.

In der zu diesem Anlass von der japanischen Botschaft in der Bundesrepublik Deutschland herausgegebenen Broschüre heißt es: „Japan schätzt sich glücklich, dass es zusammen mit vielen anderen Ländern einen Beitrag zum Gelingen der Bundesgartenschau in Bonn leisten darf. Es sieht darin ein Zeichen für die enge Verbundenheit, die zwischen dem japanischen und dem deutschen Volk besteht. Zugleich hofft es, dass sich die Bande der Freundschaft mit dem Beitrag eines japanischen Gartens für die Bundesgartenschau mehr und mehr festigen mögen."

Die Japaner drücken mit ihrer Gartenbaukunst ihre enge Beziehung zur Natur aus. Durch den im Garten erfahrbaren Wandel der Jahreszeiten, die Bewegungen von Wasser und Wind, das Zwitschern der Vögel und den Duft der Blumen sollen alle Sinne der Menschen angesprochen werden.

Wichtige Gestaltungselemente im japanischen Garten der Rheinaue sind ein See mit Wasserfall, eine Insel, ein kleiner Hügel sowie verschiedene Felsgruppen. Als Abgrenzung nach außen dienen Bambuszäune. Ein Rundweg führt zudem an einer Pagode und verschiedenen Steinlaternen vorbei.

Die Bepflanzung umfasst in erster Linie eigens aus Japan eingeflogene *Pinus thunbergii* 'Parlatore' (Schwarzkiefern) sowie *Enkianthus perulatus* (Azaleen). Die für japanische Gärten typischen immergrünen Breitblattbäume konnten in Bonn aufgrund der klimatischen Bedingungen nicht gepflanzt werden und wurden durch heimische Bäume und Sträucher ersetzt.

Bei den alljährlich an den Pfingstfeiertagen stattfindenden Bonsai-Ausstellungen können Besucher verschiedenste Sorten der Miniaturbäume bestaunen.

Steinlaternen haben in Japan eine ursprünglich religiöse Bedeutung: Sie stehen in den Höfen von Tempeln und Schreinen, ihr Licht brennt als Zeichen der Verehrung der Götter.

Foto: Presseamt der Stadt Bonn, Sondermann

Die 13-stufige Pagode, auch sie in buddhistischen Tempeln zu finden, steht im Zentrum des Gartens. Ihre strenge Form bildet einen deutlichen Kontrast zu den Sträuchern und dem Wasser in ihrer Umgebung.
Foto: Presseamt der Stadt Bonn, Sondermann

Die Steine für den Wildbach stammen aus Japan. Die typische Bepflanzung aus Zedern und Zypressen wurde durch heimische Baumarten ersetzt.
Foto: Presseamt der Stadt Bonn, Sondermann

Der Blindengarten regt alle Sinne an. Der Schwerpunkt liegt auf Pflanzen, die einen besonderen Duft ausströmen oder eine spezielle Blattstruktur oder -oberfläche besitzen. Die Pflanzen sind in Hochbeete gepflanzt, damit sie leichter erreichbar sind.
Foto: Gellrich

4.5 DER BLINDENGARTEN
Das Herzstück der Aussichtsterrasse

Zentral auf der Aussichtsterrasse platziert, in einer Lichtung zwischen hohen Kastanien, wurde 1983 in enger Zusammenarbeit mit dem Blindenverein Bonn e. V. ein 2.000 Quadratmeter großer Garten speziell für blinde Besucher angelegt. In erhöhten Beeten finden sie intensiv duftende Stauden wie Lavendel und Rosmarin, verschiedene Rosensorten sowie Pflanzen mit samtenen oder rauen Blättern. Die Eindrücke der Natur werden hier über andere Sinnesorgane als das Auge erfahrbar gemacht: Anfassen nicht nur erlaubt, sondern ausdrücklich erwünscht!

Das gilt vor allem auch für das Herzstück des Blindengartens, die Bronzeplastik „Blindenbrunnen", die von dem 1991 verstorbenen Bildhauer Richard Engels stammt. In der 122 x 120 x 180 cm großen Plastik stellt der als „Horus" bekannte Künstler das buddhistische Gleichnis von der Wahrheit dar: Fünf Blinde betasten einen Elefanten, dessen Körperteile sie jeweils als etwas anderes interpretieren. So deuten sie etwa ein Bein als Baumstamm, den Rüssel als Schlange und ein Ohr als Kohlblatt. Versinnbildlicht werden soll dadurch, dass sowohl Blinde als auch Sehende oft nur Teile der Wahrheit erkennen, sich in Details verlieren und das große Ganze nicht erfassen. Das Gleichnis wird auf einer neben der Plastik aufgestellten Tafel in Braille- und Normalschrift erläutert.

Zu verdanken haben wir den „Blindenbrunnen" dem ehemaligen Bonner Oberstadtdirektor, Dr. Wolfgang Hesse, der sich nach seiner Pensionierung mit großem persönlichen und finanziellen Engagement für die Aufstellung dieser abtastbaren Plastik eingesetzt hatte.

Die Skulptur im Winter

Foto: Presseamt der Stadt Bonn, Sondermann

Der Blindenbrunnen des Bildhauers Richard Engels, genannt „Horus", stellt das Gleichnis von der Wahrheit dar. Die Bronzeskulptur ist mit betastbaren Oberflächen und dem Geräusch des Wassers, das aus dem Maul des Elefanten fließt, die Erlebnismitte des Blindengartens.

Foto: Gellrich

Im Frühling, Sommer und Herbst beleben am Rand der Parkwiesen Blütenstaudenbeete das Bild – Herbstastern, *Rudbeckia* und Gräser (*Miscanthus giganteus*).

Foto: Presseamt der Stadt Bonn

Blick durch die Kastanien auf die zeltförmigen Hängebuchen am Fuß des Glockenhügels. Im Hintergrund sind die den Weg begleitenden *Ailanthus altissima* mit ihrem hellen Laub im Austrieb zu sehen.

Foto: Hansjakob

5. PARKBEREICH UND AUENSEE
Ein Park soll seine Besucher berühren

Im Gegensatz zur architektonisch gestalteten Aussichtsterrasse wurde der Parkbereich mit Auensee landschaftlich gestaltet. Die Grundelemente des Landschaftsparks bilden eine Hierarchie ineinanderfließender Parkräume, die die Illusion räumlicher Weite erzeugt. Der Besucher sieht, je nach Standort, eine immer wieder neue Komposition von Landschaftsbildern vor sich. Die Aufenthaltsplätze schmiegen sich in weiche Erdfalten, die nicht eingesehen werden können, aber einen weiten Ausblick ermöglichen. Das zugrunde liegende räumliche Prinzip ist der Ausblick vom kleinen Raum des Aufenthalts oder von den Wegen in den großen Raum des Talkessels, zum Rhein und zum gegenüberliegenden Siebengebirge. Die sich längs des Rheins orientierenden Wege sind unter Schatten spendenden Bäumen angelegt, leicht gekrümmt und passen sich dem Gelände an. In der Ebene liegen die Wege etwas tiefer als der Rasen und unterbrechen so nicht den Blick über die Wiesenfläche.

Weite Teile des Parks werden bei Hochwasser überschwemmt. Deshalb war es notwendig, die Parkflächen mit verschiedenen Pflanzengesellschaften zu bepflanzen, die in besonderer Weise auf die Überschwemmungszonen und die Bodenverhältnisse abgestimmt sind.

Der tiefer liegende, dem Rhein nähere Teil des Parks, der den Überschwemmungen in stärkerem Maße ausgesetzt ist, wurde mit den sogenannten Gehöl-

Am Rand der großen Blumenwiese befindet sich ein Spielplatz. Hochstämmige Platanen und mehrstämmige *Pterocarya* markieren den Platz in der weiten, freien Wiesenfläche am Fuß des großen Aussichtshügels. Hier ist die Fläche abgesenkt und der innere Kreis mit niederen Kugelahornbäumen bepflanzt. Foto: Hansjakob

Zur Ergänzung der überwiegend vorkommenden Laubbäume wurden am Rand der Ökowiese heimische Kiefern (*Pinus sylvestris*) gepflanzt. Dieses schöne Exemplar bildet eine locker wachsende, malerische Krone. Foto: Hansjakob

Malerische Herbststimmung: Die Landschaft des Parks ist über die große Blumenwiese und den Glockenhügel bis zum Drachenfels gestaffelt. Foto: Gellrich

zen der Weichholzaue bepflanzt, die kurzzeitig ein Hochwasser vertragen. Das sind im Wesentlichen Silber- und Purpurweide, Schwarz- und Silberpappel, Esche und Ahorn als Flächenpflanzung. Mit Trauerweide und Säulenpappel wurden wichtige Plätze und Bastionen als Blickpunkte („points de vue") hervorgehoben. Die etwas höher liegenden Bereiche, die selten überschwemmt werden, sind mit Linden, Ahorn, Eichen und Ulmen bepflanzt.

Der obere Bereich des Parks, der sich außerhalb der Überschwemmungszonen befindet, ist im Wesentlichen mit Buchen, Linden, Ahornbäumen, Eichen und Kiefern in geschlossenen Pflanzungen sowie mit Platanen, Hängebuchen und Eichen als Solitärgewächsen bepflanzt. Dieses Areal, der breiteste Teil der Rheinaue, hat sich besonders gut entwickelt und weist heute eine räumliche Bepflanzung auf. Hier gibt es noch viele naturbelassene Zonen, in denen die Wiesen nur zweimal im Jahr gemäht werden.

Mitten im Park, von einem großen Pflanzgürtel umgeben, liegt die inzwischen neu gebaute Kläranlage, die nicht verlegt werden konnte und in den Park integriert werden musste. In der Nähe befindet sich auch der wichtige Gärtnerstützpunkt, von dem aus die ganze Rheinaue bepflanzt und gepflegt wird.

links: Blick vom Aussichtshügel über die Parkwiesen auf den tiefer liegenden Auensee   Foto: Hansjakob

unten: Blick über die große Blumenwiese: Ein typisches Element des Landschaftsparks sind die versetzten Baumgruppen in der Wiese, die für den Betrachter eine Raumtiefe erzeugen.

Foto: Stüber

Dekorative Chinaschilf-Gräser (*Miscanthus giganteus*) leuchten vor dunklen Baumreihen. Im Hintergrund der Steinbruch am Ennert

Foto: Stüber

An schönen Tagen sieht man auf dem Auensee mehr Ruder- und Tretboote als Schiffe auf dem Rhein. Entlang des Sees öffnet sich der Landschaftsraum bis zum gegenüberliegenden Petersberg. Foto: van der Ropp

Seit den Anfangsjahren ist der Auensee in kalten Wintern bei Schlittschuhläufern beliebt.
Foto: van der Ropp

5.1 DER AUENSEE

„Wasser ist das Auge der Landschaft." (Fürst Hermann von Pückler-Muskau)

Wasser gehört zu den wichtigsten Gestaltungselementen der Gartenkunst.

Der Auensee wurde von uns in einer vorhandenen tiefer gelegenen Flutmulde des Rheins angelegt, die von einem früheren Altarm stammt. Die Lage stellt einen Bezug zu der Zeit her, als der Rhein noch nicht reguliert war und regelmäßig durch dieses Gebiet floss.

Der See erstreckt sich auf einer Fläche von 15 Hektar und einer Länge von 1.300 Metern, die größte Breite liegt bei 155 Metern. Allerdings ist er mit einer Tiefe von maximal drei Metern relativ flach. Gegliedert ist der Auensee durch viele Buchten, Nebenarme, Inseln und Halbinseln. Seine Ufer sind abwechselnd bepflanzt bzw. von Wiesen umgeben.

Folgende Elemente verleihen dem See eine abwechslungsreiche Gestalt: der Bootsverleih auf den Inseln, die Treppen am Schiffchensee, die Kaskade, die mit Säulenpappeln oder Trauerweiden bepflanzten Bastionen zum See, die Wasserpflanzen in den Buchten und die Pontonbrücken.

Das Wasser überspielt die Trockenzone unter der breiten Autobahnbrücke und macht damit den See zu einem Bestandteil der gartenkünstlerischen Raumkonzeption des Parks.

Um einen permanent gleichbleibenden Wasserstand sicherzustellen, musste der Grund des Sees abgedichtet werden, sodass keine Verbindung mit dem Grundwasser besteht. Hintergrund ist, dass der Grundwasserstand parallel zum Pegel des Rheins steht bzw. fällt. Der Rheinwasserstand ist ständigen Schwankungen unterworfen. Bei Trockenheit sinkt der Wasserspiegel bis auf 44,50 Meter über NN (Niedrigwasser) und steigt bei längeren Regenperioden bzw. im Frühjahr nach der Schneeschmelze in den Bergen auf bis zu 54,50 Meter über NN

Frühsommerliche Sonntagsstimmung in der Rheinaue. Der Bootsverleih wird zum Anziehungspunkt im Park.
Foto: Presseamt der Stadt Bonn

Der Auensee ist ein wesentlicher Bestandteil der gartenkünstlerischen Raumkonzeption des Landschaftsparks. Typisch für den Landschaftspark sind die wechselnden großen und kleinen Räume und immer wieder die Perspektive auf ein neues Ziel.
Foto: Hansjakob

(höchstes bisher gemessenes Hochwasser; diese Entwicklung kann sich infolge des Klimawandels noch verstärken). Die vorgenommenen Abdichtungsmaßnahmen haben bewirkt, dass der See einen konstanten Wasserstand von 52,50 Metern über NN hält. Allerdings kann die Abdichtung zur Folge haben, dass – wenn der Rheinpegel höher ist als der Seewasserstand und das mitsteigende Grundwasser den Druck auf den Seegrund erhöht – ein Auftrieb entsteht, der den Boden des Sees im Extremfall aufbrechen lassen könnte. Wir haben dies in unseren Plänen berücksichtigt und den See so konstruiert, dass das Hochwasser am südlichen Ende des Sees über eine Flutmulde sofort in den See fließen kann und so den Unterdruck ausgleicht. Das Wasser läuft dann am nördlichen Ende in der Gronau wieder in den Rhein ab.

Die Seeufer wurden teilweise mit Wasserpflanzen, wie Rohrkolben, Pfeilkraut und Teichrose, bepflanzt. In der Nähe von Sitzplätzen wachsen Seerosen und Blumenbinsen.
Gebaut wurden die Seeufer aus geschichteten Grauwackesteinen, zwischen deren breiten Fugen sich kleinere Fischarten ansiedeln können, denn die flachen Uferpartien bieten gute Laichmöglichkeiten. Die große Vogelinsel im See wird zur Brutzeit alljährlich von zahlreichen Wasservögeln aufgesucht und dient daher als Vogelschutzgebiet, zu dem Menschen keinen Zutritt haben und von dem

Fünf Pontonbrücken überqueren den Auensee. Der mittlere Brückenpfeiler schwimmt auf der Wasseroberfläche und passt sich bei Hochwasser dem Wasserspiegel des Sees an.
Foto: Hansjakob

kleine Raubtiere wie Füchse und Marder ferngehalten werden.

Da der See durchschnittlich eine Verdunstung von täglich bis zu zwei Millimetern hat, muss ständig Grundwasser nachgefüllt werden. Das Grundwasser wird u. a. von der Kühlung der Post geliefert.

Um Übergänge von einer Seeseite zur anderen zu schaffen, haben wir fünf Stege konzipiert, die auf Pontons befestigt sind. Diese Pontonbrücken steigen bei Hochwasser mit auf. Dies verhindert, dass großteiliges Schwemmgut blockiert wird und nach dem Ablaufen des Wassers im See verbleibt. Dennoch muss der See nach jedem Hochwasser von Unrat befreit werden.

Da das Rudern auf dem Rhein aufgrund des Schiffsverkehrs und der starken Strömung nicht möglich ist, hat sich der Bootsverleih auf dem Auensee zu einem beliebten Treffpunkt entwickelt. Im Winter friert der See bei entsprechenden Temperaturen relativ schnell zu; die Fläche wird dann gern zum Schlittschuhlaufen oder Eisstockschießen genutzt und bietet auch für Spaziergänger einen besonderen Anreiz. Am nördlichen Ende herrscht das ganze Jahr über reger „Schiffsverkehr", denn Modellbauliebhaber lassen hier gern ihre Bötchen fahren.

Am See wird der Park in besonderem Maße unserem Anspruch als „Bürgerpark" gerecht.

links: Eine Insel im Auensee. Unter Säulenpappeln liegt der Sitzplatz in der Sonne, Stufen führen ins Wasser. Von dieser Stelle aus genießt man einen exklusiven Blick über den See, wie hier im Spätsommer mit beginnender Herbstfärbung der umgebenden Bäume.
Foto: Hansjakob

rechts: Ein typisches Motiv des Landschaftsparks: Die Zweige einer Silberweide (*Salix alba*) umrahmen den in die Tiefe gestaffelten Landschaftsraum über den See zur Kaskade und zum Aussichtshügel und verdecken die dahinter liegenden großen Straßenbauwerke (Autobahnbrücke).
Foto: Hansjakob

Tiefe Buchten und Bastionen gliedern den Auensee. Die exponierten Bastionen sind besonders gestaltet: Für den Aufenthalt sind Sitzbänke und Picknicktische unter Säulenpappeln eingerichtet, die Stufen führen zum Wasser und dienen als Anlegestelle für Ruderboote.
Foto: Presseamt der Stadt Bonn

Das Kühlwasser des Post Towers fließt über Wassertreppen in den kleinen Auensee, eine Vorstufe des Großen Auensees. Dieses saubere Grundwasser wird als Frischwasser in den Auensee eingespeist.
Foto: Stüber

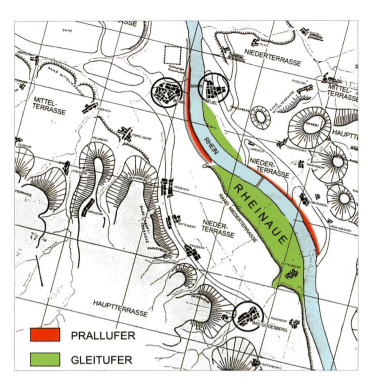

Plan der Prall- und Gleitufer des Rheins
Der Rhein fließt in langgezogenen Bögen durch Bonn. An der Außenseite der Bögen entstehen durch die Flussdynamik die sogenannten Prallufer (rot) und an der Innenseite die Gleitufer (grün).
Plan: Büro Hansjakob

6. DER RHEIN UND SEINE UFER
Prall- und Gleitufer

Für die städtebauliche Einbindung des Rheinauenparks in Groß-Bonn war die Zusammenführung der teilweise noch aus dem 19. Jahrhundert stammenden Rheinpromenadenabschnitte der ehemals selbstständigen Stadtteile eine wichtige Maßnahme. Der mächtige Rheinstrom ist in vielfältiger Weise prägend für den Park; die Uferzonen sind dabei die interessantesten Bereiche und bieten die größte Abwechslung.

Der Rhein fließt in zwei langgezogenen Bögen durch Bonn. An der Außenseite der Kurven entstehen die sogenannten Prallufer, deren höhere Fließgeschwindigkeit dafür sorgt, dass der Kies an diesen Stellen abgetragen und damit das Ufer eingetieft wird. Diese Bereiche sind zudem anfällig für Hochwasser und daher mit Schutzmauern verbaut, also architektonisch gestaltet.

Den Prallufern gegenüber liegen die Gleitufer. Hier verläuft der Fluss ruhiger, sodass sich Sandbänke bilden können, die wie an einem Strand den Zugang bis unmittelbar ans Wasser ermöglichen. Durch den Wellenschlag des Rheins, der durch die vorbeifahrenden Schiffe, die Strömung und den Wind verursacht wird, besteht bei diesen natürlichen Ufern allerdings die Gefahr der Auskolkung. Um dies zu verhindern, haben wir die Ufer so weit wie möglich abgeflacht. Bei einer Neigung unter zehn Prozent laufen die Wellen in der Liegewiese aus, ohne Schaden anzurichten.

Der Rhein ist das grüne Herz der Stadt Bonn und die Mitte des Rheinauenparks. Das Foto zeigt eindrücklich die landschaftlich reizvolle Situation mit dem langgestreckten Rheinufer und dem Blick in das Siebengebirge.
Foto: Stadt Bonn

7. RHEINUFERZONEN RECHTS- UND LINKSRHEINISCH

Spaziergang am Beueler Rheinufer in der Abendstimmung. Übergang von der gebauten Uferpromenade in den landschaftlich geprägten Uferbereich Foto: Lannert

Durch den wechselnden Wasserstand des Rheins ergeben sich immer neue Uferbilder. Bei Niedrigwasser ist es möglich, ans Wasser zu gehen, etwa zum Kieselsammeln oder Entenfüttern. Baden ist jedoch verboten, denn die Strömung ist unberechenbar.
Foto: Hansjakob

7.1 VON BEUEL-SÜD BIS OBERKASSEL
Die Sonnenseite des Rheins

Der Beueler Teil des Rheinauenparks mit seinen schönen Ufern hat durch die zur Sonne hin ausgerichtete Lage einen ganz eigenen Charakter. Die Einbeziehung des Beueler Ufers in den Rheinauenpark macht den Rhein zum zentralen Bereich des Parks.

Anders als die Godesberger Seite, auf der es einen alten Lein- bzw. Treidelpfad gab, existierte vor Beginn unserer Planungsmaßnahmen im Jahr 1970 entlang des Rheins von der Beueler Promenade nach Süden Richtung Oberkassel kein Uferweg – nicht einmal ein Wanderweg. Große, unmittelbar am Flussufer angesiedelte Industriebauten, wie das Zementwerk mit Kranbahn und eigener Schiffsanlegestelle, verhinderten dies.

Trotz dieser erheblichen Hindernisse gelang es uns im Laufe eines längeren Zeitraums und in mehreren Bauabschnitten, die Rheinpromenade von Beuel nach Oberkassel zu verlängern. Zunächst mussten wir einen provisorischen Weg um das Zementwerk bauen. Daran anschließend verengte der Brückenkopf der Autobahn den Rheinuferweg fast bis an den Rhein. Rund 28 Jahre – bis 1998 – dauerte es, bis in der rechtsrheinischen Uferpromenade die letzte Lücke am ehemaligen Zementwerk geschlossen und der Weg in seiner ganzen Länge der Bevölkerung zur Verfügung gestellt werden konnte. Dies zeigt, wie wichtig es ist, langfristig und vorausschauend städtebauliche Ziele festzuschreiben und sie dann auch konsequent zu verfolgen.

Zur Unterbrechung des Uferwegs sind Aussichtsbastionen gebaut und mit weithin sichtbaren Säulenpappeln markiert. Die Bastionen sind beliebte Sitzplätze mit Blick auf den Rhein, die vorbeifahrenden Schiffe und das gegenüberliegenden Ufer.
Foto: Hansjakob

Im Herbst kann man die letzten warmen Sonnenstrahlen auf den Liegewiesen genießen. Das Beueler Ufer ist die Sonnenseite des Rheins.
Foto: Hansjakob

Das Johannes-Bücher-Ufer – das flache, naturnahe Gleitufer, das an die Beueler Promenade in Richtung Oberkassel anschließt – wurde von uns auf einer Länge von 2,3 Kilometern bis zur Südbrücke landschaftlich gestaltet. Dieser Bereich liegt auf der Sonnenseite des Rheins und bietet die beste Aussicht auf Bonn.

Zur Auflockerung des langen Uferwegs legten wir an speziellen Aussichtspunkten Bastionen an, die – wie der gesamte Uferverbau – mit Basaltstelen verkleidet sind. Weithin sichtbare Säulenpappeln markieren die Aussichtsplätze, an denen alle Wege, die zum Wasser führen, mit dem Wanderweg zusammentreffen. Flache Pfade führen hier direkt ans Wasser und Sitzbänke laden zum Verweilen ein. Parallel zum Uferwanderweg ist ein separater Radweg angelegt, damit sich an schönen Tagen Fußgänger und Radfahrer nicht in die Quere kommen.

Landeinwärts des Uferwegs bis zur Elsa-Brändström-Straße bzw. zum Landgrabenweg wurden alle freien Grundstücke wie im linksrheinischen Bereich parkartig gestaltet und bieten für die anschließenden Wohngebiete sehr gute Zugangswege und optische Verbindungen zum Rhein.

Das Johannes-Bücher-Ufer
bei Niedrigwasser
Foto: Lannert

Blick über den Rhein auf das rechtsrheinische Johannes-Bücher-Ufer in Beuel mit den alten Platanen, unter denen sich der Rheinuferweg befindet   Foto: Stüber

Der „Innovationspark Bonn-Visio" befindet sich heute auf dem Gelände des Zementwerks. Die Rheinpromenade führt an dieser Stelle entlang der ehemaligen Kaimauer.
Foto: Lannert

7.2 DIE PROMENADE AM EHEMALIGEN ZEMENTWERK
Schönste Aussicht in das Rheintal

Auf dem heute als „Bonner Bogen" bekannten Areal an der prägnanten Westbiegung des Rheins in Oberkassel entstand unter Leitung des Chemikers Hermann Bleibtreu Mitte des 19. Jahrhunderts das „Bonner Portland-Zementwerk". Ausschlaggebend für die Wahl des Standorts waren die Eisenbahnanbindung an den Bahnhof Oberkassel und das für die Schiffsanlegestelle günstige Prallufer, wo man schon damals für uns so wichtige und heute noch gut erhaltene, mit Basalt verkleidete Kaimauern errichtet hatte. Nach einer wechselvollen, mehr als 100-jährigen Geschichte wurde das Werk 1987 aufgrund fehlender Rentabilität geschlossen, erhalten blieben nur die unter Denkmalschutz stehenden Verwaltungsgebäude, die Direktorenvilla, der Wasserturm und die Rohmühle.

Auch die vorhandene Kaimauer konnte nach Abbau der Gleise der Kranbahn bewahrt und mit einem Geländer abgesichert werden. Zwischen der Bebauung und dem Rhein wurde von uns auf einem 40 Meter breiten Streifen eine 400 Meter lange Promenade mit Fuß- und Radwegen sowie Sitzgelegenheiten angelegt; das Hermann-Bleibtreu-Ufer schließt seitdem die durch das Zementwerk entstandene Lücke in der Promenade. Die Aufenthaltsplätze sind mit einer für die Rheinpromenaden typischen zweireihigen, geschnittenen Platanenallee überstellt.

Von dort aus bietet sich dem Besucher ein hervorragender Ausblick in das Rheintal.

Im Anschluss an das ehemalige Zementwerk ist der Rheinuferweg, das Oberkasseler Ufer, mit breiten, flachen Liegewiesen zum Rhein wieder landschaftlich gestaltet. Die Rohmühle und die Direktorenvilla mit ihrem weitläufigen Garten wurden mit in diese Gestaltung einbezogen.

Ein kleiner Park mit wertvollem alten Baumbestand, zwischen dem Bahnhof Oberkassel und dem Rheinufer gelegen, gibt diesem Bereich des Rheinauenparks einen attraktiven Rahmen.

Aus unserer heutigen Sicht ist dies einer der schönsten Plätze am Rhein und wäre auf die Dauer als Standort für ein Zementwerk sicher zu schade gewesen.

Nach dem Abbau des Zementwerks blieben die Rohmühle und die Direktorenvilla erhalten. Gut zu erkennen ist hier die ehemalige Kranbahn über der Kaimauer. Dieser 40 Meter breite und 400 Meter lange Streifen wurde in öffentlichen Grund umgewidmet, um die Abschnitte der Rheinpromenade von Bonn nach Oberkassel miteinander zu verbinden. An dieser Stelle entstand die neue Promenade. Foto: Hansjakob

Die 1998 fertiggestellte, 40 Meter breite Rheinpromenade mit den kastenförmig geschnittenen Platanen, Fuß- und Radwegen und Sitzgelegenheiten. Links im Bild sieht man die ehemalige Rohmühle mit Gastronomie. Von hier aus hat man den schönsten Blick in das Rheintal. Das Ufer wurde nach dem Gründer des Zementwerks, Hermann Bleibtreu, benannt. Foto: Lannert

Signifikante Säulenpappeln markieren das Ende der Promenade. Das neue Geländer sitzt auf der gut erhaltenen Kaimauer des Zementwerks.

Foto: Hansjakob

Die Aufenthaltsplätze sind mit einer für die Rheinpromenaden typischen zweireihigen, geschnittenen Platanenallee überstellt. Von dort aus hat der Besucher einen hervorragenden Ausblick in das Rheintal.

Foto: Hansjakob

Blick von der Rheinaue auf das gegenüberliegende Zementwerk. Der Ausbau der Uferpromenade war erst nach der Absiedlung des Werks möglich.
Foto: Hansjakob

Luftaufnahme des Zementwerks an der Grenze zwischen Beuel und Oberkassel (Nachdruck einer alten Postkarte). Das Zementwerk mit Schiffsanleger und Eisenbahnanschluss wurde 1856 direkt am Rhein gebaut.
Foto: Archiv der Stadt Bonn

Das naturnahe, flache Oberkasseler Ufer schließt an die Promenade an und öffnet den Blick auf den romantischen Drachenfels.
Foto: Hansjakob

Herbstspaziergang am Rathenauufer in Richtung Rheinaue. Der „Lange Eugen" markiert den Endpunkt der 1,7 Kilometer langen, neu ausgebauten Promenade am Wilhelm-Spiritus- und Stresemannufer.
Foto: Lannert

7.3 VOM ALTEN ZOLL ZUR GRONAU
Die Bonner Flaniermeile

Wichtige Bausteine für den Ausbau der Rheinpromenaden waren auf der linksrheinischen Seite das Wilhelm-Spiritus-Ufer und das Stresemannufer, von der Zweiten Fährgasse bis zum Wasserbahnhof Gronau (Schiffsanlegestelle Bundeshaus).

Das Rathenauufer, der Bereich vom Alten Zoll bis zur Zweiten Fährgasse, war schon im 19. Jahrhundert ausgebaut worden, gesäumt von einer alten Lindenallee, die noch heute existiert. Hier und am Wilhelm-Spiritus-Ufer entstanden damals prächtige Villen, deren bekannteste – die Villa Hammerschmidt – ehemals als Amts- und Wohnsitz des Bundespräsidenten fungierte. Mit dem Bau der Villen wurde auch die Rheinpromenade in einer Breite von 25 Metern ausgebaut.

Die erhöht liegenden Grundstücke erhielten zum Ufer hin eine drei Meter hohe Stützmauer. Von den Stichstraßen von der Koblenzer Straße, der heutigen Adenauerallee, führen prächtige Treppen zum Rheinufer. Diese Abgänge, für deren Kosten die damaligen Villenbesitzer aufkommen mussten, sind architektonische Kunstwerke und heute denkmalgeschützt. Die Kaimauer zum Rhein besteht aus Basaltsteinen mit Basaltabdeckung und ist mit einem leichten Eisengeländer gesichert.

Im Rahmen der 2000-Jahr-Feier von Bonn konnte dieser in städtebaulicher Hinsicht so wichtige

Die Promenade am Wilhelm-Spiritus-Ufer mit der Villa Hammerschmidt im Hintergrund
Foto: Hansjakob

Blick von der Bastion des Treppenabgangs hinab auf die Rheinpromenade. Der Radweg ist asphaltiert, der Fußweg am Ufer auf der gesamten Länge mit Platten befestigt. Auf den Plätzen vor den Treppenabgängen wurde bogenförmiges Pflaster verlegt.
Foto: Hansjakob

Promenadenabschnitt erst 1989 nach unseren Plänen neu gestaltet werden. Der Autoverkehr, der hier in der Nachkriegszeit bis zur Dahlmannstraße freigegeben war, wurde verbannt, Fußgänger und Radfahrer erhielten separate Wege.

Die Promenade wurde – typisch für die gebauten Promenaden am Rhein – als zweireihige Allee mit kastenförmig geschnittenen, hochstämmigen Linden angelegt. Zwischen den 300 Solitärbäumen verläuft nun ein breiter Rad- und Wanderweg.

Um die Sicht auf die drei historischen Treppenanlagen freizuhalten, die als Aufgänge in die umliegenden Stadtgebiete fungieren, wurde die Lindenallee in diesen Bereichen jeweils durch einen frontal angelegten Platz unterbrochen. Einzelne weißblühende Bäume wie Magnolien oder *Sophora japonica* (Japanischer Schnurbaum), hohe Säuleneichen und niedrige, geschnittene Hecken umrahmen zahlreiche Sitzbänke, die zum Rhein orientiert stehen. Diese Öffnungen in der Allee mit den Treppenanlagen sind eine willkommene Gliederung der 2,3 Kilometer langen Strecke von der Altstadt in die Rheinaue. 100 Straßenlaternen sorgen in den Abendstunden für ausreichendes Licht. Im Beleuchtungskonzept der Rheinaue setzt sich der beleuchtete Weg der Promenade in der Aussichtsterrasse fort; der landschaftlich gestaltete Rheinuferweg ist nicht beleuchtet.

Luftaufnahme des Stresemannufers mit dem ehemaligen Bundestag

Foto: Lauber

Die doppelreihige Allee aus kastenförmig geschnittenen Linden wird vor den historischen Treppenanlagen durch gepflasterte Plätze unterbrochen, um den Blick auf den Rhein freizuhalten. Vor den Treppen sind hoch aufragende Säuleneichen oder Säulenpappeln symmetrisch gepflanzt. Niedrig geschnittene Hecken bilden Nischen für Sitzbänke.

Foto: Hansjakob

Der Rhein fließt in einem weiten Rechtsbogen am Stresemannufer vorbei.

Foto: Presseamt der Stadt Bonn, Sondermann

Ende des 19. Jh. wurden entlang der heutigen Konrad-Adenauer-Allee prächtige Villen gebaut. Stichstraßen enden in Treppenanlagen, die hinunter zu den Promenaden am Rathenau-Ufer führen. Die architektonischen Kleinode sind heute denkmalgeschützt.
Foto: Hansjakob

Platzanlagen vor den drei Treppenabgängen aus der Stadt unterbrechen die kastenförmig geschnittene Lindenallee. Zwei axial gestellte Säulenpappeln oder Säuleneichen und niedrige, geschnittene Hecken mit Sitzbänken betonen den Platz. Zeichnung: Hansjakob

Von der Zweiten Fährgasse bis zum „Langen Eugen" in der Gronau wurde eine zweireihige Allee aus kastenförmig geschnittenen Linden gepflanzt. Der Fahrradweg liegt zwischen den Bäumen. Foto: Hansjakob

7.4 VON DER GRONAU BIS PLITTERSDORF
Der Englische Garten von Bonn

Wo Wege münden, entstehen Plätze. Der lange Uferweg in der Rheinaue wird durch Plätze und Bastionen gegliedert. Jeder Platz ist mit einer bestimmten Baumart markiert, hier im Bild eine Trauerweide.
Foto: Hansjakob

Von der Gronau bis Plittersdorf weist der Rheinauenpark auf einer Länge von ca. 3,5 Kilometern ein flaches Gleitufer auf, das – bei Niedrigwasser – mit seinen Kiesbänken zum Steinesammeln, Feuermachen und Spazierengehen einlädt. Früher war hier ein Leinpfad die einzige Wegeverbindung, die zwischen den wenigen noch erhaltenen Resten des Auenwaldes, bestehend aus Baum- und Strauchweiden sowie Schwarzpappeln, entlangführte.

Der Sage nach geht der mundartliche Begriff „schäl Sick" für die „falsche Rheinseite" auf den Umstand zurück, dass die Pferde, die auf diesem Leinpfad die Lastkähne flussaufwärts zogen, auf der dem Rhein zugewandten Seite eine Scheuklappe trugen, um nicht durch das vom Wasser reflektierte Sonnenlicht zu erblinden. Im Köln-Bonner Raum wird mit „schäl Sick" ausschließlich die rechtsrheinische Seite bezeichnet, obwohl diese eigentlich die von der Sonne begünstigte und damit die landschaftlich schönere ist. Doch schon zu Zeiten des römischen Reiches befanden sich die großen Ansiedlungen in dieser Region immer auf der linksrheinischen Seite.

Der alte, regelmäßig überschwemmte Leinpfad wurde von uns beim Ausbau des Rheinauenparks als zusätzlicher Fußweg erhalten und ausgebessert; die Uferbefestigung ist mit Basaltdeckwerk erneuert worden. Im etwas höher gelegenen Bereich der Aue können sich Fußgänger und Radfahrer getrennt auf einem neu angelegten Uferweg fortbewegen,

Der Leinpfad vor dem Ausbau der Rheinaue. Als einzige Wegeverbindung am Ufer des Rheins führte er zwischen den wenigen noch erhaltenen Resten des Auenwaldes (Baum- und Strauchweiden sowie Schwarzpappeln) hindurch.

Foto: Hansjakob

Das Motiv der Plätze an den Wegkreuzungen sowie die typische Formgebung der Platzsituation wiederholen sich an den Uferwegen rechts- und linksrheinisch immer wieder. Die Aufenthaltsplätze sind mit Regendächern, Sitzbänken, teilweise mit Aussichtsbastionen möbliert. Die Bepflanzung der Plätze beschränkt sich auf charakteristische Baumsolitäre.

Foto: Presseamt der Stadt Bonn

wobei der Radweg einen Teilabschnitt des übergeordneten Radwanderwegs Köln-Koblenz bildet. Aufgelockert wird der Uferweg von kleinen und großen Aufenthaltsplätzen mit Bastionen und Bänken. Auf dem relativ weit von einer Bebauung entfernten Weg bieten Regendächer den Spaziergängern Schutz vor plötzlich einsetzenden Niederschlägen. Die Aufenthaltsplätze sind zugleich Wegeknoten, in denen sich die Wege zum Rhein, zum See und in die höher gelegenen Teile des Parks kreuzen.

Die Auswahl der Bepflanzung in der Uferzone ist der Auenvegetation angepasst, daher wachsen hier im Wesentlichen Schwarzpappel, Silberweide, Ahorn und Esche.

Die Aufenthaltsplätze und Bastionen sind abwechselnd durch Solitärbäume markiert, die besondere Wuchsformen haben, wie Säulenpappel, Säuleneiche, Trauerweide und Kugelahorn. Dagegen präsentieren sich die Ufer naturbelassen und mit Streuobstwiesen, die nur dreimal im Jahr gemäht werden; die Besucher freuen sich über wild wachsende Purpurweiden (*Salix purpurea*) und die Spontanvegetation einzelner Obst- und Nussbäume, die zwar im Hochwasserbereich nicht heimisch sind, sich aber dennoch hier angesiedelt haben. Durch das starke Wachstum von Weiden und Pappeln müssen die Durchblicke zum Rhein regelmäßig freigeschnitten werden.

Das linksrheinische Ufer von Gronau bis Plittersdorf ist ein Gleitufer mit flachen Böschungen zum Wasser. Am Fluss entlang verläuft der ehemalige Leinpfad.
Foto: Hansjakob

Bei Niedrigwasser treten die Kiesbänke des Gleitufers hervor und sind begehbar. Der Ufersaum ist mit Weiden und Pappeln bepflanzt. Dominiert wird die Perspektive vom Petersberg.
Foto: Hansjakob

Alle Wege treffen sich an den Aufenthaltsplätzen am Uferweg: der Radweg, Wege zum Auensee, zum Rhein und die Spazierwege in den Park. Die Plätze sind mit Sitzbänken, einem Regenschutzdach und einer Aussichtsbastion für die Parkbesucher angelegt.

Pläne: Büro Hansjakob
Fotos: Presseamt der Stadt Bonn

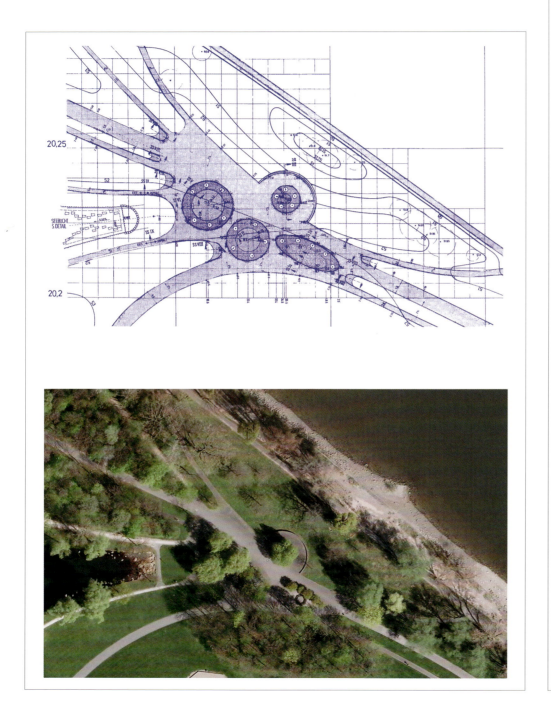
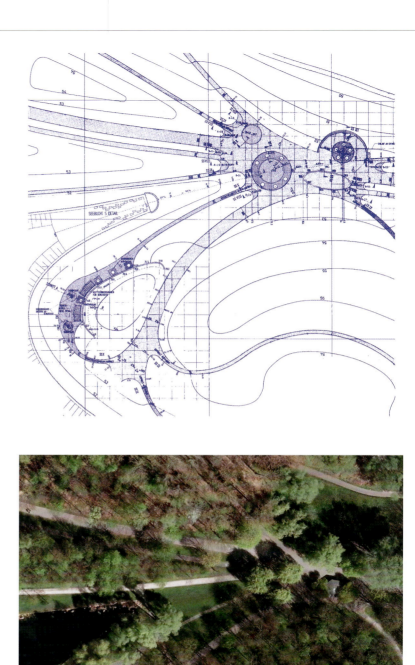

Das Motiv der Aussichtsbastion öffnet den Blick zum Rhein.
Foto: Hansjakob

Das Wegenetz am Rheinufer zwischen der Gronau und Plittersdorf mit den fünf Aufenthaltsplätzen. Die Formgebung der Wege, Plätze und der Bodenmodellierung ist in der gesamten Rheinaue ähnlich: Der Höhenverlauf der Wege entspricht den formalen Prinzipien der Grundrisse, ein Ineinandergehen von konkaven und konvexen Formen und weiten Bögen, die sich überschneiden. Es entstehen scheinbar freie, aber malerische Bilder, die mit ihrer geplanten Form nicht willkürlich sind. Die Bepflanzung folgt dem gleichen Prinzip. So entsteht eine Abfolge von ineinanderfließenden Räumen. In der Landschaftsplanung werden die schönsten Beispiele der Natur in die Gestaltung übertragen.   Plan: Büro Hansjakob

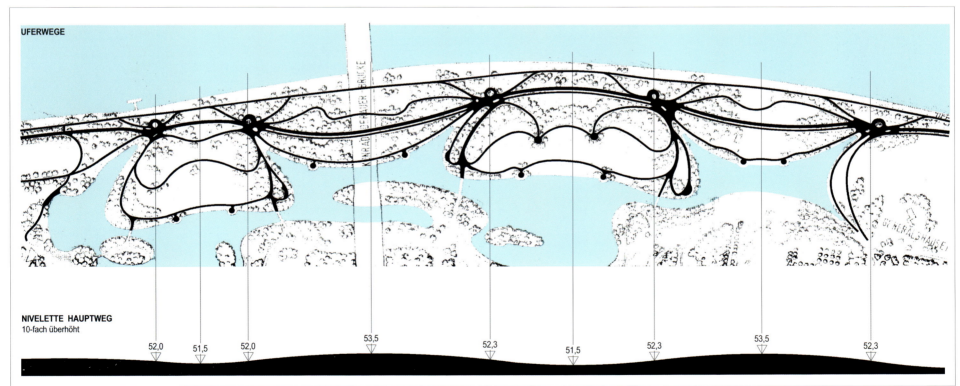

Das Stresemannufer endet am Wasserbahnhof in der Gronau, wo auch die Ausflugsboote anlegen. Der Platz ist Ausgangspunkt für Spaziergänge in den landschaftlichen Teil des Rheinauenparks, der Kiosk ein beliebtes Ziel für die durstigen Wanderer.
Foto: Hansjakob

Der Heimkehrerweg und das Von-Sandt-Ufer setzen die städtische Promenade entlang des Rheinufers fort. Der Uferweg bis Plittersdorf ist in langen, geschwungenen Bögen im Formenkanon der Rheinaue angelegt. Dadurch ergeben sich wechselnde Perspektiven und immer neue Blickwinkel.
Foto: Hansjakob

8. HOCHWASSER UND ÜBERSCHWEMMUNGSZONEN
Der unberechenbare Rhein

Wenn die Rheinpromenaden bei Hochwasser überschwemmt werden, sind sie für einige Tage nicht mehr passierbar. Foto: Lannert

Bis ins 19. Jahrhundert wurde die Rheinaue im Winter regelmäßig und in relativ kurzen Abständen überflutet. Mittlerweile hat sich der Fluss durch die an ihm durchgeführte Regulierung eingetieft und überschwemmt die Aue nur noch bei mittlerem und Höchsthochwasser.

Im Juli 1998 hatte der Regierungsbezirk Köln, zu dem auch Bonn und damit die Rheinaue gehört, die Überschwemmungsgebiete des Rheins neu festgelegt. Aufgrund dieser behördlichen Verordnung wurde für die Errichtung von Gebäuden innerhalb der Überschwemmungsgebiete eine Genehmigung nach Landeswassergesetz erforderlich. Denn nach 1945 hatte man in Bonn die Retentionsflächen rheinaufwärts durch Bauwerke verkleinert, was in der Vergangenheit zur Zunahme von Hochwasser geführt hatte.

Die von uns bei der Entwicklung des Parks eingeplanten Retentionsflächen im Bereich des Auensees ermöglichen es dem Hochwasser, langsam wieder abzufließen. Dabei ist es besonders wichtig, dass das Wasser auf möglichst breiter Front in den Rhein zurückfließt, denn durch eventuelle Engstellen würden unerwünschte Auskolkungen entstehen.

Für den Auensee stellen die Hochwasser ein Problem dar, denn er wird durch das ansteigende Grundwasser des Rheins angehoben, wenn er nicht rechtzeitig vom Fluss her geflutet wird. Zudem muss der Park nach jedem Hochwasser vom angeschwemmten Treibgut gereinigt werden.

Durchflussmengen des Rheins bei Bonn:
bei Mittelwasser ca. 2.000 m³/sek.
bei Höchsthochwasser ca 11.000 m³/sek.

Fließgeschwindigkeit des Rheins bei Bonn:
bei Mittelwasser 2 m/sek.
bei Höchsthochwasser 3 – 4 m/sek.

Seit dem Bau des Parks wurde die Rheinaue zwischen 1980 und 2003 siebenmal überschwemmt. Dabei waren die Hochwasser im Februar 1980, im April und Mai 1983, im März 1988, im Dezember 1993 und im Januar 1995 mit Durchflussmengen von 10.500 m³/sek. die gravierendsten. Das bisher letzte bedeutende Hochwasser ereignete sich im Januar 2003.

Hochwasser am Bismarck-
denkmal. Bei Höchsthoch-
wasser steigen die Fluten
linksrheinisch regelmäßig
auch bis zum Bismarckturm.
Foto: Presseamt der Stadt Bonn

Weite Teile des Rheinauenparks und der ufernahen Promenaden rechts- und linksrheinisch werden vom Hochwasser überschwemmt. Dieses Hochwasser von 1983 wurde durch die Überflutungen von 1993 und 1995 noch deutlich übertroffen.

Foto: Presseamt der Stadt Bonn

Zahlreiche Besucherströme durchwanderten täglich die Bundesgartenschau. Die farbenprächtigen Sommerblumen in den Wiesen bildeten eine formale Einheit mit der Parkgestaltung. Die Gestaltung der Frühjahrsblüher und Sommerblumen wurde von den Landschaftsarchitekten Karl-Heinz Eckebrecht, Kelkheim, und Bernd Weigel, Baden-Baden, geplant.
Foto: van der Ropp

9. BUNDESGARTENSCHAU – UND DANN?
Die große Eröffnungsfeier

In der Nachkriegszeit entwickelten sich die Bundesgartenschauen in Deutschland zu einem großen Erfolgsmodell; sie waren nicht nur Leistungsschauen des Gartenbaus, sondern gaben auch starke Impulse für die Stadtentwicklung und den Bau neuer Grünanlagen.

Viele Freunde der Rheinaue erinnern sich noch an die Eröffnung des Parks 1979 durch das 178 Tage dauernde Fest. Zahlreiche Attraktionen wurden den Besuchern damals geboten, wie die die Parkbereiche verbindende Rheinfähre, die Bimmelbahn, die Boote auf dem Auensee, der Japanische Garten, der Totempfahl und die verschiedenen Restaurationen. Mehr als 900 Aussteller verwandelten den Park in ein Blumenmeer, wechselnde Hallenschauen vermittelten Anregungen für die Gestaltung des privaten Gartens.

Die Ausrichtung einer Bundesgartenschau stellt besondere Anforderungen an eine Parkfläche, denn sie muss einer großen Zahl von Besuchern gewachsen sein und einen hohen Unterhaltungswert bieten. An manchen Tagen kamen zwischen 50.000 und 100.000 Besucher.

Der Landschaftsarchitekt Reinhard Grebe und der Karlsruher Gartendirektor Robert Mürb hatten schon 1968 für die Bundesgartenschau 1979 ein Gutachten erstellt, das eine fundierte Grundlage für die weitere Planung der BUGA bildete.

Die Landschaftsarchitekten Heinz Dahs, freier Mitarbeiter, und Knut Lehrke, langjähriger Mitarbeiter beim Ausbau der Rheinaue und den Folgeaufträgen
Foto: Hansjakob

Der Rahmenplan für die Bundesgartenschau beinhaltet einen Verkehrs- und Funktionsplan der Bundesgartenschau. Eingezeichnet ist die Position der Eingänge und der Rundwege sowie die Lage der Veranstaltungsorte (Hallenschauen, Blumenschauen, Restaurants, Fährverbindung über den Rhein).
Plan: Hansjakob

Aufbauend auf diesem Gutachten hatten wir parallel zur Planung des Rheinauenparks einen Rahmenplan für die Bundesgartenschau erarbeitet, denn die Veranstaltung sollte mit unseren langfristigen Zielen, im Herzen Bonns einen Landschaftsparks zu schaffen, in Einklang gebracht werden. Die meisten Einrichtungen der Bundesgartenschau waren von uns am Rand des Parks, in der Nähe der Eingänge, platziert worden. Durch diese Maßnahme blieben die empfindlichen Auen- und Uferzonen weitestgehend von größeren Besucherströmen verschont. Die Hallenschauen und die besucherintensiven Themengärten waren auf die rechtsrheinischen Beueler Wiesen gelegt worden, um eine dauerhafte Einzäunung zu verhindern.

Die Blumen-, Gehölz-, Stauden- und Hallenschauen sowie die Themengärten und alle Bauwerke wurden von namhaften Kollegen des In- und teilweise auch des Auslandes (z.B. japanischer Garten) geplant.

Beispiele von vorangegangenen Bundesgartenschauen hatten uns gezeigt, dass dort nach Ende der Veranstaltung nicht mehr die Mittel vorhanden waren, um die schönen und teuren Einrichtungen, die nur für die Schau geschaffen worden waren, wieder zurückzubauen. Damit die intensive Pflege und der Schutz der BUGA-Einrichtungen in den Folgejahren weiterhin finanziert werden konnten, musste man dort das Gelände einzäunen, Teile vermieten und Eintritt verlangen. Somit konnte auf diesen

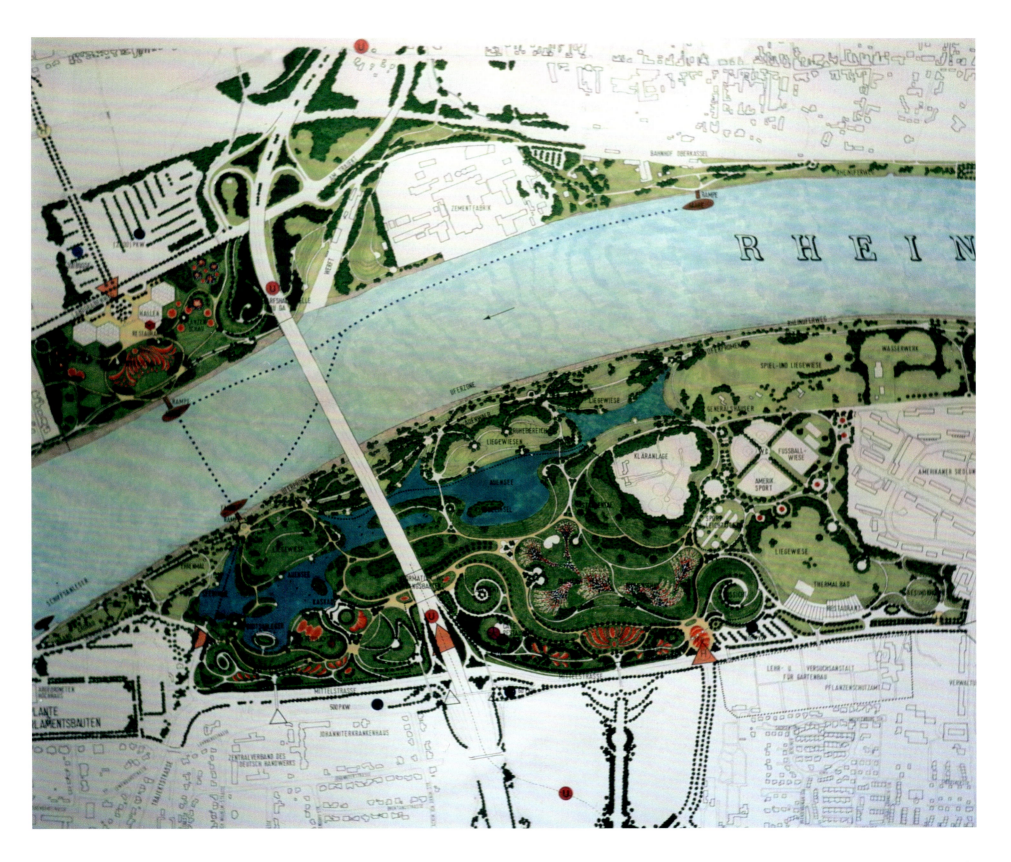

Anton Hansjakob, Ernst van Dorp, Gerd Nieke und Gottfried Hansjakob bei der BUGA-Eröffnung Foto: Presseamt der Stadt Bonn

Gartenschaugelänestablished die Idee eines Bürgerparks nicht verwirklicht werden.

Die Gefahr, dass die Rheinaue nach der Bundesgartenschau nicht mehr allen Menschen kostenlos zugänglich gewesen wäre, bestand auch in Bonn. Der damals amtierende Gartenamtsleiter wollte den Park einzäunen und die Bimmelbahn weiter betreiben.

Unserer Auffassung nach war jedoch das wertvolle Gelände der Rheinaue in Bonn dazu viel zu schade, und allein aufgrund seiner Größe hätte sich der Park nicht für eine Einzäunung geeignet.

Unser langfristiges Ziel, einen Park für die Bürger zu schaffen, wurde 1981, nach Abschluss des erfolgreichen Rückbaus der Bundesgartenschau, erreicht.

Die BUGA 1979 in Bonn zählte zu den schönsten in Deutschland, sie war der Motor für den Ausbau des Parks und hat ihn einer breiten Bevölkerung im In- und Ausland bekannt gemacht.

Hoher Besuch bei der BUGA-Eröffnung, v.l.: Architekt Ernst van Dorp, Bundespräsident Walter Scheel, Gottfried Hansjakob und OB Hans Daniels

Foto: Presseamt der Stadt Bonn

Das Rheinische Landesmuseum hatte für die Bundesgartenschau eine „Römerstraße" mit Kopien römischer Denkmäler angelegt. Einzelne Exemplare dieser Ausstellung stehen noch auf dem Aussichtsweg.
Foto: van der Ropp

Der Totempfahl war ein Geschenk Kanadas an die damalige Bundeshauptstadt. Die Besucher konnten dem Indianerhäuptling Tony Hunt bei seiner Arbeit zusehen, er schnitzte den Totempfahl „live" während der BUGA.
Foto: Presseamt der Stadt Bonn

Das gesamte Bundesgartenschaugelände wurde für die Besucher festlich geschmückt.

Foto: van der Ropp

Um den Auensee sind Grillplätze ausgewiesen. Auf den Bastionen und den umliegenden Wiesen können im Sommer auch größere Partys gefeiert werden.

Foto: van der Ropp

10. FREIZEIT IM PARK
Erholung für jedermann

Ob Erholung am Auensee, Geselligkeit auf der Aussichtsterrasse oder sportliche Betätigung auf den Rad- und Wanderwegen am Ufer – der Rheinauenpark bietet seinen Besuchern zu jeder Tages- und Jahreszeit vielfältige Freizeitmöglichkeiten.

Da der Park für jeden jederzeit frei zugänglich und nach persönlichen Präferenzen nutzbar ist, erfüllt er die von uns intendierte Funktion als bürgernaher Volkspark und orientiert sich in dieser Hinsicht am Englischen Garten in München. Der historische Landschaftspark im Herzen der bayerischen Hauptstadt wurde vor rund 220 Jahren für die Bürger geöffnet und hat seither nichts von seiner Attraktivität verloren. Seine Anziehungskraft bezieht er – wie der Rheinauenpark – aus seinen gartenkünstlerisch gestalteten Parkräumen und seiner zentralen Lage als Rahmen für verschiedene, nicht festgelegte Nutzungen, die sich den wechselnden Moden anpassen. Das Erfolgsgeheimnis beider Parks ist ihre Zeitlosigkeit.

Joggen, Rad und Bötchen fahren, Schlittschuh laufen, Wandern oder einfach die Aussicht genießen – wer den Rheinauenpark besucht, erlebt einen Urlaub vor der Haustür und kehrt erholt in den Alltag zurück.

Im Herbstwind steigen die Drachen auf der Großen Blumenwiese vor der Silhouette des Post Towers.
Foto: Presseamt der Stadt Bonn

Plan der Stadt Bonn mit der Übersicht der beliebtesten Bereiche im Rheinauenpark
Plan: Presseamt der Stadt Bonn

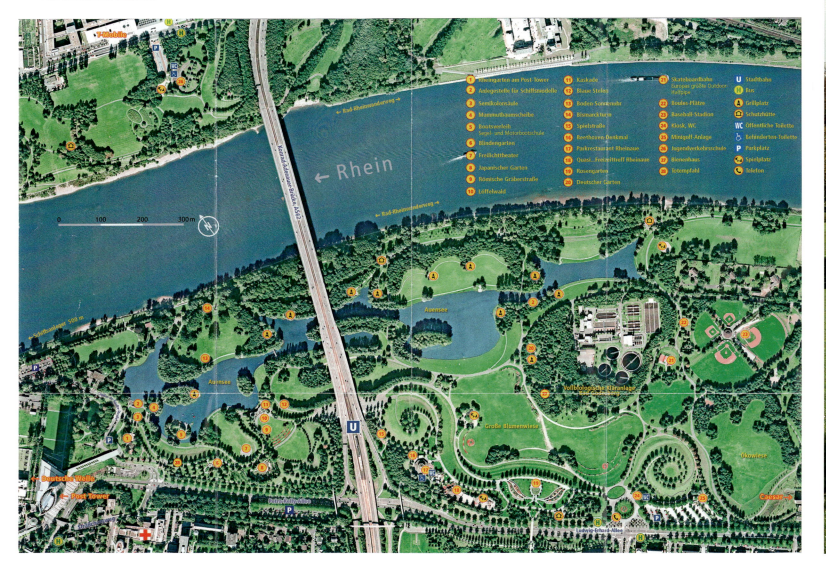

Die Rheinaue wird von Schulklassen gern an Wandertagen besucht, denn der Park bietet ein vielfältiges Programm und ist mit öffentlichen Verkehrsmitteln gut zu erreichen.
Foto: Hansjakob

Bürgerfest am Beueler Rheinufer. Auf den Wiesen am Rhein finden auch private Feste statt.
Foto: Lannert

Die Modellbootbesitzer treffen sich am „Schiffchensee": Ihre Manöver werden oft von zahlreichen Zuschauern bestaunt.
Foto: Presseamt der Stadt Bonn

Das Bootfahren auf dem Auensee mit seinen Inseln und Buchten macht Alt und Jung immer wieder Spaß.
Foto: Hansjakob

Der Auensee ist flach, hat eine ruhige Oberfläche und friert deshalb im Winter leicht zu – eine gute Gelegenheit zum Schlittschuhlaufen und Eisstockschießen.
Foto: van der Ropp

Der Flohmarkt aus der Vogelperspektive. Im Eingangsbereich Herbert-Wehner-Platz, entlang der Wege in die Rheinaue und auf den Glockenhügel hinauf reihen sich die Aussteller wie die Perlen einer Kette aneinander.
Foto: Stadt Bonn

11. FESTE UND VERANSTALTUNGEN
Der Park in Feierlaune

Alljährlich finden im Rheinauenpark zwischen März und Oktober rund 18 kleinere und größere Veranstaltungen statt, die zur Attraktivität des Parks beitragen, u. a.:

– Der „Rhein in Flammen" am Hermann-Bleibtreu-Ufer und Oberkasseler Ufer mit über 220.000 Besuchern,
– der Rheinaue-Flohmarkt, mit 1.500 Ausstellern und 30.000 bis 40.000 Besuchern einer der größten Flohmärkte Deutschlands,
– zehn Sportveranstaltungen,
– das Helferfest im Rahmen des Bonn-Marathons,
– der Bonner Nachtlauf,
– das Familienspielfest zum Auftakt des Kinderferienprojekts „In Bonn ist was los",
– das Ballonfestival.

Der Park ist kein befestigter Kirmes- oder Rummelplatz, sondern eine Grünanlage. Die größtenteils lehmigen Böden außerhalb der Wege können nur eine gewisse Belastung vertragen. Bodenverdichtung durch zu starke Beanspruchung führt gerade im Wurzelbereich der Bäume zu Schäden. Rasen kann repariert oder sogar ausgewechselt werden, große alte Bäume jedoch nicht ohne Weiteres. Wünschenswert für uns wäre es daher, die Veranstaltungen auf geeignete belastbare Bereiche zu beschränken.

In der Vergangenheit gab es immer wieder Versuche einzelner Interessensgruppen oder Veranstalter, den Park oder Teile des Parks für sich zu reservieren mit dem Argument, damit für mehr Attraktivität zu sorgen. Die Mehrheit des Rats und der Verwaltung der Stadt Bonn hat dies bis auf wenige Ausnahmen verhindert. In Zeiten knapper Kassen besteht jedoch die Gefahr, dass die Stadt Bonn einzelne Bereiche des Parks langfristig an Interessengruppen verpachtet oder Veranstaltungen, die dem Park nicht mehr zuträglich sind, genehmigt. Dabei sollte das langfristige Ziel, die Erhaltung des Parks und seiner freien Zugänglichkeit, nicht aus den Augen verloren werden.

Der Flohmarkt in der Rheinaue gehört zu den größten Veranstaltungen dieser Art in Deutschland. Die Aussteller präsentieren für Besucher aus Nah und Fern ein riesiges Angebot.
Foto: Stüber

Ein grandioses Feuerwerk mit Musik schließt das drei Tage dauernde Spektakel „Rhein in Flammen" ab. Im Mai beginnt die Veranstaltungsreihe, die jeden Sommer in den schönsten Abschnitten des Rheins in Bonn stattfindet. Diese Attraktion zieht alljährlich mehr als 220.000 Besucher in ihren Bann.
Foto: Presseamt der Stadt Bonn

Foto: Presseamt der Stadt Bonn, Sondermann

Der Auensee bietet auch Platz für kleine Segelregatten.

Foto: Presseamt der Stadt Bonn, Sondermann

links und oben links: Ende Juni findet der Auftakt des Kinderferienprogramms „In Bonn ist was los" mit dem Familienspielefest statt.

Foto: Presseamt der Stadt Bonn, Sondermann

Auch beim Tag des Parks, hier ein Bild aus dem Jahr 2005, ist die Rheinaue ein beliebtes Ausflugsziel.

Foto: Presseamt der Stadt Bonn, Sondermann

12. DER POST TOWER
Bonner Wahrzeichen und Tor in die Rheinaue

Der Hauptstadtbeschluss von 1991 sowie der damit einhergehende Umzug vieler Regierungseinrichtungen im Laufe der 1990er Jahre nach Berlin leiteten einen Umbruch in der Geschichte der Stadt Bonn ein. Die nun ehemalige Bundeshauptstadt musste sich neu orientieren. Und so wie der „Lange Eugen" die Bonner Republik repräsentiert hatte, so entstand an der Nahtstelle zwischen ehemaligem Regierungsviertel und der Rheinaue mit dem Post Tower das Wahrzeichen des neuen Bonn.

Mit dem Post Tower errichtete die Deutsche Post DHL in nur zweijähriger Bauzeit 2002 ihre neue Konzernzentrale. Der Entwurf war aus einem internationalen Architektenwettbewerb hervorgegangen, den das Chicagoer Büro Murphy/Jahn für sich entscheiden konnte. Die neue Konzernzentrale sollte das Selbstverständnis des weltweit führenden Brief- und Logistikunternehmens widerspiegeln – transparent und offen, zukunftsweisend in Architektur und Ökologie – und gleichzeitig mit der Landschaft der Rheinaue in Einklang stehen. So wirkt das höchste Bürogebäude Nordrhein-Westfalens trotz seiner 162,5 Meter leicht, geradezu fragil. Und seine gläserne Fassade reflektiert die Stimmungen der Rheinaue.

Die landschaftliche Einbindung des Bauwerks in das Gesamtkonzept der Rheinaue erfolgte in enger Abstimmung zwischen den Landschaftsplanern Hansjakob, dem Architekten Helmut Jahn und der Deutschen Post DHL. Der Gebäudesockel wurde dicht an die Kurt-Schumacher-Straße gesetzt, um den rund 80 Jahre alte Baumbestand auf dem unteren Teil des Grundstücks zu sichern. Auch ist es gelungen, dem Rheinauenpark eine Art Entree zu verschaffen:

Der Grundriss des Post Towers ist so angelegt, dass er nicht als Riegel, sondern als Tor in die Rheinaue fungiert. Dafür wurde das Sockelgebäude mit Konferenzräumen und der Kantine vom eigentlichen Turm abgetrennt. Der so entstandene Weg „durch" den Post Tower endet direkt in der Rheinaue. Um diese Verbindung auch optisch zu betonen, ist der das Gebäude umgebende Belag mit Granit-Platten ausgelegt. Es gibt keine trennenden Zäune, und die Bepflanzung ist im Stil der Begrünung der Rheinaue fortgeführt.

Eine Besonderheit ist auch der kleine See mit seinen Wassertreppen. Er ist Kernbestandteil des Klimakonzepts des Post Towers, aber auch Startpunkt für die Seenlandschaft der Rheinaue. Der Post Tower verbraucht so rund 30 % weniger Energie als vergleichbare Hochhäuser. Die Belüftung und Temperaturregulierung erfolgen maßgeblich über die doppelte Glasfassade sowie das Grundwasser aus dem Uferfiltrat des Rheins. Sonne und Wasser ersetzen hierbei die sonst üblichen energieintensiven Klimaanlagen. Der kleine See dient dabei als Auffangbecken für das grundwasserbasierte Kühlsystem des Gebäudes. Wurde das Wasser in den ersten Jahren anschließend wieder zurück in den Rhein geleitet, fließt es heute in die Seenlandschaft der Rheinaue und unterstützt so den dortigen Wasseraustausch.

Für die 2.000 Mitarbeiterinnen und Mitarbeiter der Deutschen Post DHL, die auf den 40 Etagen untergebracht sind, ist der Post Tower ein hochmoderner Arbeitsplatz mit unverstellter Aussicht und direktem Zugang zum Rheinauenpark. Für die Parkbesucher ist der Turm längst zu einem Wahrzeichen der Rheinaue und der Stadt Bonn geworden.

Der nahtlose Übergang der Rheinaue in die Gronau. Post Tower, Deutsche Welle und Langer Eugen stehen am Rand der Gronau, die zum größten Teil von Bebauung freigehalten wurde. Rechts im Bild der Übergang der Rheinaue in das Stresemannufer.
Foto: Presseamt der Stadt Bonn, Sondermann

13. DIE PFLEGE DES PARKS
Geheimnis des Erfolgs

"Nichts gedeiht ohne Pflege; und die vortrefflichsten Dinge verlieren durch unzweckmäßige Behandlung ihren Wert."

Dieses Zitat von einem der großen Söhne Bonns, Peter Joseph Lenné, ist die Richtschnur jeglicher Pflegemaßnahmen im Rheinauenpark. Seit 35 Jahren ist der Park in der Verantwortung der Stadt, und seit 35 Jahren wird er zweckmäßig gepflegt. Dies ist eine Verantwortung, die die Stadt gegenüber ihren Bürgerinnen und Bürgern und auch den zahlreichen Besucherinnen und Besuchern des Parks aus der nahen und fernen Umgebung zu erfüllen hat.

Mit drei Fachleuten im rechtsrheinischen und 15 im linkrheinischen Park ist diese große Aufgabe dank guter maschineller Ausstattung und der einen oder anderen Vergabe an den Garten- und Landschaftsbau zu bewältigen.

Viele Hektar Rasen sind zu mähen, die Beete sind für den Sommer- und Winterflor vorzubereiten, Bäume sind zu schneiden, zu fällen und neue werden gepflanzt. Der See wird regelmäßig in den Eckbereichen gesäubert, und Tonnen von Laub werden im Herbst eingesammelt. Zu dieser Jahreszeit werden auch die unzähligen Zwiebeln für die Frühjahrsblüher eingesetzt und die Rosenbeete ein letztes Mal gesäubert.

Die Fachleute im Park müssen sich auch bei der Pflege in verschiedene Kulturen und Denkweisen hineinversetzen können. Wie müssen die Japanischen Kiefern geschnitten werden, welche Pflanzen sind für Blinde von besonderer Bedeutung oder welche Gehölze sind zu entfernen, um die Sichtachse zum Siebengebirge freizuhalten?

Ein wesentlicher Teil der Parkpflege ist dem Baumbestand gewidmet. Der geschlossene Baumbestand und der freistehende Einzelbaum gehören zu den wichtigsten Gestaltungselementen der Gartenkunst. Um das gartenkünstlerische Erscheinungsbild und den Erlebniswert des Parks zu erhalten, ist daher eine regelmäßige Bestandspflege notwendig.

Parkräume verändern sich durch das kontinuierliche Größenwachstum der Bäume. Ohne Pflege wachsen geplante Sichtachsen und Aussichtspunkte zu. Jede Baumart hat ihre eigenen Wachstumseigenschaften und verschiedene Anforderungen an Boden, Klima, Licht usw. Die Pflege erfordert viel Erfahrung und Kenntnis der Lebenszyklen der einzelnen Baumarten, ihrer Wuchsstärken und Jugend- und Altersformen. Zum Beispiel werden die schnellwüchsigen Weiden und Pappeln nur 80 bis 100 Jahre alt, während Eiche, Esche, Linde und Buche 200 bis 300 Jahre und älter werden können, wenn sie einen guten Standort haben.

Fotos: Stadt Bonn

Der optimale Gehölzbestand weist viele verschiedene Baumarten auf, er besteht aus hoch, mittel und niedrig wachsenden Bäumen. Bei genügend Lichteinfall bildet sich eine vielfältige Strauchschicht mit einem ökologisch wertvollen Tier- und Pflanzenbestand. Bei fehlender Pflege entsteht bei zu engem Stand der Bäume durch Lichtmangel und Konkurrenzkampf unter den einzelnen Baumarten nur Stangenholz – schöne Einzelbäume haben keine Chance.

Durch kontinuierliches Auslichten bilden sich hochstämmige Einzelbäume mit schönen Kronen, die an den Parkrändern bis unten beastet sind. Dabei sind die langlebigen Baumarten sowie eben die Eiche, Linde, Buche, Esche und Kiefer zu fördern. In den Schattenbereichen stehen Vogelkirsche, Feldahorn und Hainbuche. Die Pflege der Bäume ist auf lange Zeiträume ausgelegt. Die Rheinaue ist, gemessen am möglichen Alter der Bäume, noch ein junger Park. Die Bäume sind noch lange nicht ausgewachsen wie in den historischen Parkanlagen mit ihren mehr als 100 Jahre alten Bäumen.

Doch es ist nicht zu verkennen, dass es oft nicht einfach ist, den Park so zu präsentieren, wie es der Gärtner gerne hätte. Denn es sind sehr viele Nutzer und Nutzungsansprüche zufriedenzustellen. Kinder wollen die Rasenhänge hinunterrollen und machen manchmal vor den Blumenbeeten nicht halt. Familien nutzen die Wiesen zur Naherholung und bringen den Einweggrill mit. Der geruhsame Spaziergänger erfreut sich aber gerade an den weiten, grünen Rasenflächen mit den dazwischengestreuten bunten Ornamenten und zeigt wenig Verständnis für verbrannte Flecken und fehlende Blumen. In lauen Sommernächten lebt der Park in allen Bereichen auf, es wird musiziert, gefeiert und die Freizeit in jeder Form genossen. Der frühe Jogger am nächsten Morgen ist allerdings wenig begeistert, wenn er über Glasscherben oder Pizzakartons stolpert.

Es ist wichtig und richtig, dass der Park angenommen, bespielt und genutzt wird. Es ist aber genauso wichtig und richtig, dass dabei Rücksicht genommen wird. Es muss deutlich werden, dass eine Übernutzung dem Grundinteresse aller widerspricht. Sonst wird der Volkspark mittelfristig, trotz zweckmäßiger Pflege, nicht mehr das sein, weswegen alle ihn besuchen und schätzen.

(Dieter Fuchs, Amtsleiter des Grünflächenamts der Stadt Bonn)

In der Rheinaue sind feste Grillplätze am Uferweg des Auensees angelegt. Die Sitzplätze, aus massiven Basaltlavasteinen gehauen, sind im Halbrund um die Feuerstellen angeordnet.
Foto: Hansjakob

14. DIE MATERIALWAHL
Basalt statt Beton

Unserer Philosophie folgend, den Rheinauenpark nahtlos in das Stadtgefüge zu integrieren, haben wir für die Uferbefestigung und als Mauerverkleidung Basalt, auch in Form von Säulenbasalt, verwendet. Die vorhandenen Uferbefestigungen und Ufermauern von Koblenz bis Köln sind ebenfalls aus diesem Material gebaut.

Basalt ist ein vulkanisches Gestein, das in der benachbarten Eifel abgebaut wird und sich durch seine hervorragende Verwitterungsbeständigkeit und seine Resistenz gegenüber Umweltgiften auszeichnet. Vor allem der Säulenbasalt ist sehr hart, kristallin und salzfest.

Die Entscheidung, beim Bau der Rheinaue nur Naturstein zu verwenden, hat sich bis zum jetzigen Zeitpunkt und auch im Hinblick auf die Zukunft hervorragend bewährt. Die Basaltverkleidungen der Mauern sehen heute, 35 Jahre nach der Eröffnung, wie neu aus, und das harte Gestein hat nichts von seinem Glanz verloren.

In einer Zeit, in der auch in Gärten bei der Gestaltung von Wegen und Mauern vornehmlich auf Beton zurückgegriffen wurde, hatten wir bereits die Erfahrung gemacht, dass dieses Material schnell altert, brüchig wird und Tristesse verbreitet. Langfristig ist Beton teurer als Naturstein, weil er in absehbarer Zeit ausgebessert oder erneuert werden muss.

Die Wege im Park wurden in den meisten Bereichen asphaltiert und mit Basaltsteinen eingefasst. In den naturnahen Bereichen hätten wir gerne mehr wassergebundene Wegedecken gebaut, aufgrund der starken Beanspruchung durch die Gartenschau und die immer wiederkehrenden Hochwasser war dies allerdings leider nicht überall möglich. Dafür heben mittlerweile die Wurzeln der Bäume in manchen Bereichen den Asphalt, was den gewünschten naturnahen Charakter zurückbringt.

Im Bau befindliche Rheinuferbefestigung mit Deckwerk aus Basaltstelen. Auf diesem Bild erkennt man sehr gut die charakteristische kristalline Ursprungsform der Steine, so wie sie noch heute im Steinbruch abgebaut werden.
Foto: Stadt Bonn, F. Schulz

Der Rheinuferweg ist mit Grauwackesteinen, die angrenzende Uferböschung mit Basaltstelen befestigt. In den Fugen zwischen den mit Sand verlegten Steinen dürfen Trockengräser wachsen. So fügt sich der Naturstein harmonisch in das Bild der Landschaft ein.

Foto: Hansjakob

Auch Mühle-Spieler finden hier ihren Platz: Tisch und Hocker sind aus Basaltlava gearbeitet.
Foto: Hansjakob

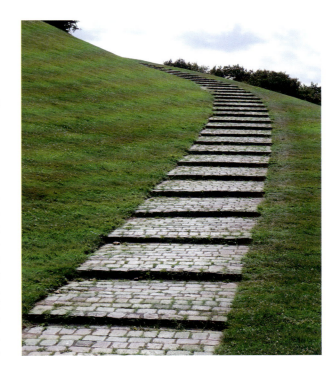

Die Aussichtsbastionen sind mit Basaltstelen verkleidet, die ein typisches Element der Uferbefestigung entlang des Rheins bilden.
Foto: Hansjakob

Treppenweg aus Natursteinpflaster zum großen Aussichtshügel. Die Treppe passt sich in ihrer Neigung spiralförmig den Höhenlinien an (siehe Höhenlinienplan des Großen Aussichtshügels). Die flache Steigung ist auf das Schrittmaß der Besucher abgestimmt.
Foto: Hansjakob

Die Treppe aus Basaltlava wird bewusst als dekoratives Element eingesetzt und betont den Übergang vom tiefer gelegenen Platz zum öffentlichen Weg. Die seitlichen Treppenwangen sind neu interpretiert.
Foto: Hansjakob

15. DIE BAUTEN IN DER RHEINAUE
Bauwerke und Park als Einheit

Die jungen Münchener Garten- und Landschaftsarchitekten Gottfried und Toni Hansjakob und der Architekt Ernst van Dorp aus Bonn lernten sich 1972 bei den Vorbereitungen zur Umsetzung des Wettbewerbsergebnisses für die Realisierung der BUGA kennen.

Während dem Entwurf für die Landschaftsplanung eine eindeutige Formensprache zugrunde lag, waren das Raumprogramm und die bauliche Ausgestaltung für die Hochbauten nicht eindeutig definiert. In intensiven Gesprächen zwischen den Brüdern Hansjakob und Ernst van Dorp kristallisierte sich aber schnell eine Seelenverwandtschaft in der Einschätzung zur Ausgestaltung der Architektur der Hochbauten heraus.

Man war sich einig, dass sich die Bauten in die Natur einfügen und der sichtbare Baustoff Beton in der Gebäudegestaltung vermieden werden sollte. Vielmehr war das Material Holz für die optisch prägenden Flächen von Wand, Dach und weitestgehend auch der Konstruktion vorgesehen. Für die unterschiedlichen Gebäudetypen – von der einfachen, offenen Schutzhütte bis zu einem klimatisierten Restaurantgebäude mit Versammlungsräumen – sollte eine wiedererkennbare Konstruktions- und Gestaltungstypologie entstehen. Ein entsprechendes Baukastensystem ermöglichte innerhalb eines Gebäudetyps verschiedenartige Nutzungs- und Ausgestaltungsvarianten. Somit war es auch möglich, die bestehende Typologie zu erweitern, ohne dass aufwendige Neuplanungen erforderlich wurden.

Die Wahl der achteckigen Grundrissform war ein Rückgriff auf die im Rheinland traditionell angewendete Bauweise der Gartenlauben, Weinberghütten und Pavillons. Die Achteckform ließ sich zudem geschmeidig in die der prämierten Landschaftsplanung zugrunde liegende bogen- und kreisförmig aufgebaute Anfahrts- und Wegearchitektur einfügen.

Neben den Gebäudetypen „Schutzhütte", „Weinpavillon Rheinland-Pfalz" und „Parkrestaurant Rheinaue" wurden der „Postpavillon", die Sportlerumkleide, die Jugendverkehrsschule, das Bienenhaus und der Spielerunterstand für eine Sportanlage aus dem Gestaltungs- und Funktionskatalog abgeleitet; sie sorgen noch heute für ein zusammenhängendes und zurückhaltendes Erscheinungsbild der Hochbauten im Landschaftspark Rheinaue.

Die Schutzhütte

Dieser kleinste Gebäudetyp wurde insgesamt sechsmal errichtet. Die Regenschutzhütte besteht aus einem achteckigen Dachkörper, der auf im Quadrat angeordneten Doppelstützen ruht. Auf ein umlaufendes Holzrähm mit Eckverbindungen ist die Dachkonstruktion aus Grat- und Schiftsparren gesetzt, die in der Dachspitze durch einen Stahlring verbunden sind. Eine dreifache Holzschindeleindeckung bildet die Dachfläche. Regenwasser wird von hier über eine Tropfkante aus Kupferblech in eine mit Naturstein gepflasterte Rinne geführt. Dieses einfache und gestalterisch sehr filigrane System der Dachentwässerung ist bei allen im Rheinauenpark erstellten Gebäuden angewendet worden. Das abtropfende Regenwasser bildet einen Vorhang, der die Intensität des Regens sichtbar werden lässt.

Mit den frei vor der Fassade stehenden Rundstützen und dem Schindeldach aus Holz zeigt das Parkrestaurant Rheinaue formale Anklänge an die fernöstliche Architektursprache.

Foto: J. van Dorp

Das Parkrestaurant – hier noch mit der ursprünglichen Dacheindeckung – ist mit seiner großen Aussichtsterrasse und dem Biergarten gerade im Sommer ein beliebter Treffpunkt.
Foto: Presseamt der Stadt Bonn

Weinpavillon Rheinland-Pfalz

Der Weinpavillon ist eine Weiterentwicklung von Konstruktionsprinzipien, die dem Grundtyp „Schutzhütte" und den daraus entwickelten Folgebauten zugrunde liegen.

Die achteckige Holzkonstruktion besitzt Doppelstützen in den Gebäudeecken, auf denen eine Zangenkonstruktion als umlaufendes Holzrähm ruht. Die zwischen die doppelten Gratsparren geführten schirmartigen Streben dienen zur Lastabtragung über eine Kopfplatte aus Stahl, die auf einer runden Stahlbetonstütze montiert ist. Ein aus sternförmig miteinander verschweißten Stahlblechen bestehender Knotenpunkt trägt über eine Rundstütze ebenfalls zur Lastabtragung des Dachkörpers bei.

Die Dachsparren sind am unteren Auflagerpunkt auf dem Holzrähm mit Aufschieblingen versehen, die der auslaufenden Dachform einen an japanische Konstruktionssysteme erinnernden Schwung verleihen. Die mit Holzschindeln in dreifacher Lage gedeckte Dachkonstruktion ist im Innenraum sichtbar geblieben.

Als Raumabschluss in der Fassadenebene wurde ein Holzraster gewählt, das je nach Anforderung verglast oder mit nicht durchsichtigen Baustoffen ausgefüllt wurde. Dieses Fassadensystem wurde konsequent bei allen geschlossenen Baukörpern verwendet.

Das Parkrestaurant Rheinaue

Dieses Gebäude nimmt eine zentrale Rolle in der gastronomischen Versorgung und der Event-Veranstaltung innerhalb der Parklandschaft ein. Nach Beendigung der Bundesgartenschau und der Öffnung des Parkgeländes für die Öffentlichkeit sollte das Objekt durch eine moderne Ausstattung, eine hochwertige Architektur und gute Gastronomie-

qualität ganzjährig Besucher anziehen und die Gäste auf gehobenem Niveau zufriedenstellen.

Dieses Ziel erforderte ein aufwendiges Raumprogramm für den rund 500 Quadratmeter großen Gastronomie- und Versammlungsbereich, zudem sollten im Idealfall mehrere Veranstaltungen gleichzeitig in dem Gebäude stattfinden können. Der achteckige Grundriss mit dem innenliegenden Erschließungskern aus Treppe und Aufzug ermöglichte eine sehr funktionale Nutzung der Eingangsebene mit Restaurantbereich, Küche und Nebenräumen und einem getrennten Versammlungsbereich mit eingehängter Empore sowie dem Untergeschoss, das die technischen und sanitären Bereiche beherbergt.

Das Luftbild zeigt, wie harmonisch sich die Architektur des Parkrestaurants in die gestaltete Landschaft einfügt.

Foto: Fenoglio

Das neu errichtete Bienenhaus steht am Rande der großen Blumenwiese. Es wurde zur Bundesgartenschau eingerichtet, um zu zeigen, wie wichtig die Bienenhaltung für den Gartenbau ist. Hier finden auch Veranstaltungen rund um das Thema Bienen statt.
Foto: Presseamt der Stadt Bonn

Der Baukörper ist eine Mischkonstruktion aus dem tragenden Erschließungskern und frei vor der Fassade stehenden Rundstützen aus Holz. Das von der Schutzhütte bekannte Dachsystem wird durch doppelte Aufschieblinge im unteren Dachrandbereich verfeinert. Aus dieser flach geneigten, elegant fließenden Dachlandschaft erhebt sich in Form der klassischen Laterne ein großzügig verglastes weiteres Geschoss, das den gleichen Gestaltungsmerkmalen unterliegt.

Den obersten und damit dritten Dachabschluss bildet eine abgesetzte, achteckige Haube mit Kupfereindeckung, die die Technik für die Gastrolüftung aufnimmt. Die Dacheindeckung der Hauptdächer besteht wieder aus Holzschindeln in dreifacher Lage. Den unteren Dachabschluss bilden rinnenlose Traufen aus Kupferblech mit Tropfkante und Wasserabweisern über den Zugängen. Die Fassade steht hinter den das Achteck bildenden Rundstützen und wird von großflächigen Rahmenelementen gebildet, die je nach Raumnutzung mit Isolierverglasung oder geschlossenen Fassadenrastern versehen sind.

Ernst van Dorp gab dem Gebäude lächelnd den Spitznamen „Meine Peking-Oper" – diesen hat es durch seine formalen Anklänge an die klassische fernöstliche Architektursprache sicherlich verdient. Seit vielen Jahren ist das Restaurant Rheinaue ein hervorragend geführtes Restaurant mit bester Küche und besten Weinen.

Fünf Pontonbrücken überqueren schwerelos die Wasserflächen der Parklandschaft. Die leichte und transparente Konstruktion erinnert an Hängebrücken im Urwald. Foto: Hansjakob

Die Pontonbrücken stehen auf zylindrischen Schwimmkörpern, die aus dem Wasser herausragen. Im Normalzustand liegen die Schwimmkörper auf dem Seeboden, bei Hochwasser schwimmen sie auf und passen sich selbstständig dem unterschiedlichen Wasserspiegel an. Die Brücken haben immer den gleichen Abstand zur Wasserfläche und das Schwemmgut kann unter ihnen hindurchtreiben.
Foto: Presseamt der Stadt Bonn

Die Pontonbrücken

In der von Seen durchzogenen Parklandschaft sollten Brücken die Querung der Wasserflächen ermöglichen. Da Pontonbrücken keine Fundamente, Brückenpfeiler oder Widerlager benötigen und sich einem unterschiedlichen Wasserpegel selbstständig anpassen, fügen sie sich ideal in den Park ein. Die zylinderartigen Schwimmkörper wurden auf dem Grund des Sees gegen horizontale Verschiebung verankert. Auf den Pontons, die nur zu einem Drittel ihres Durchmessers aus dem Wasser ragen, wurde eine einfache Stahlkonstruktion aufgeschweißt, auf der die Tragelemente des begehbaren Stegs liegen. Die erforderliche Stabilität in Längsrichtung erhielt die Brücke durch stählerne Zugbänder.

Die Lauffläche dieser leichten und transparenten Konstruktion wird durch gehobelte und naturbelassene Holzbalken gebildet, die im Hochformat verlegt sind. Das Geländer aus Stahl wurde wegen der erwarteten hohen Besucherfrequenz statisch angemessen ausgeführt und hat die Zeit und einige Hochwasserereignisse bis heute makellos überstanden. Bei Hochwasser können die Pontonbrücken aufschwimmen, sodass sich darunter kein Schwemmgut aufstaut.

(Jan van Dorp)

Schlussbemerkung – Danksagung

Der Planungsauftrag für den Rheinauenpark erfolgte 1970 durch die Stadt Bonn unter dem Beigeordneten Gerd Nieke. Unter der Leitung von Dipl.-Ing. Wolfgang Gellrich wurde eine Sonderabteilung „Rheinaue" gegründet.

Den Vorentwurf erarbeiteten Gottfried und Anton Hansjakob in Planungsgemeinschaft mit dem Büro Heinrich Raderschall & Partner, Landschaftsarchitekten, sowie den Architekturbüros Hans Bargou, Ernst van Dorp & Partner sowie Till von Hasselbach. Alle weiteren Planungsleistungen wurden vom Büro Gottfried und Anton Hansjakob aus München erbracht.
Für die Bearbeitung vor Ort hatten wir in Bonn ein Büro eingerichtet. Büroleiter von 1971–1981 waren die Landschaftsarchitekten Jochen Gauert und Knut Lehrke.

Die Bauwerke in der Rheinaue wurden vom Architekten Ernst van Dorp, die neue Kläranlage sowie die Fußgängerunterführung unter der Autobahn von den Architekten Till von Hasselbach und Wilfried Pilhatsch geplant.

Subunternehmer für die Bauleitung der Freianlagen war die IGR-Ingenieur-Gesellschaft Rüping.

Parallel zur Planung der Rheinaue erhielten wir 1976 den Auftrag für das Grünkonzept Parlaments- und Regierungsviertel sowie für die Planung der Regierungsallee mit ihren Plätzen und Alleen. Auftraggeber war die Stadt Bonn, Amt für Stadtplanung, unter dem Amtsleiter Paul Epping.

Mit der Eröffnung der Rheinaue durch die Bundesgartenschau 1979 war ein Großteil des Parks fertiggestellt. Es fehlten aber noch wichtige Verbindungsstücke, um das Gesamtkonzept zur Einbindung des Parks in die Stadt zu vollenden. Es vergingen weitere 20 Jahre, bis die restliche Arrondierung vollendet war.

In Fortsetzung der Rheinauenplanung wurden an das Büro Hansjakob die weiterführenden Planungsaufträge für die Freianlagen folgender Teilbereiche erteilt:

1975   Fraktionsbauten in der Gronau, Architekt von Wolf (wurde nicht gebaut)

1984   Fraktionsbauten in der Gronau, Architekt Joachim Schürmann (wurden 1993 vom Hochwasser zerstört)

1988   Rheinpromenaden Wilhelm-Spiritus-Ufer und Stresemann-Ufer von der Zweiten Fährgasse bis zur Gronau

ab 1994   Renovierungsarbeiten Fraktionsbauten in der Gronau von Schürmann, Weitergabe an „Deutsche Welle", im Auftrag der Bundesbaudirektion, vertreten durch Landschaftsarchitekt Knut Lehrke

1998   Promenade am Hermann-Bleibtreu-Ufer, am ehemaligen Zementwerk und Ankerbach

1998   Freianlagen zum Post Tower im Auftrag der Deutschen Post DHL

2000   Planung Bereich der Charles-de-Gaulle-Straße und Parkplätze im Auftrag der LEG in Vertretung der Stadt Bonn

2002   Freianlagen Forschungszentrum Stiftung „caesar"

2007   Planung und Bepflanzung der restlichen Freiflächen in der Gronau im Auftrag der Bundesanstalt für Immobilienaufgaben

Die Planung für die Maßnahmen des Bundes, der Deutschen Post DHL und des Forschungszentrums „caesar" sowie die beiden Uferpromenaden und Teile des Beueler Bereichs haben wir in kollegialer Zusammenarbeit mit dem Landschaftsarchitekten Heinz Dahs gemacht, der den Auftrag für die Ausschreibung, Vergabe und Objektüberwachung erhielt.

Wir möchten unseren herzlichen Dank auch den vielen Beteiligten aussprechen, die hier nicht namentlich erwähnt werden, es aber ermöglicht haben, das Projekt „Rheinauenpark" zu verwirklichen.

Texte: Gottfried und Anton Hansjakob
Text „Zum Geleit": Gottfried Knapp
Text „Bauwerke": Jan van Dorp
Text „Parkpflege": Dieter Fuchs
Redaktion: Susanne Nagels
Korrektorat: Susanne Schulten
Titelfoto: Der Rheinauenpark um 1985, Arved van der Ropp
Umschlagfoto hinten: Der Rosengarten, Volker Lannert
Autorenfotos: Gottfried und Anton Hansjakob
Layout: Sabine Ernat, Dorsten
Druck: Druckhaus Cramer, Greven

Fotos: Rico Fenoglio, Wolfgang Gellrich, Gottfried Hansjakob, Volker Lannert, Wolfgang Miller, Michael Sondermann (Presseamt der Stadt Bonn), Christine Stüber, Arved van der Ropp, Jan van Dorp

Wir danken dem Presseamt der Stadt Bonn für die freundliche Unterstützung durch die Zurverfügungstellung von umfangreichem Bildmaterial.

Ebenso danken wir der Japanischen Botschaft in Bonn für die Genehmigung zum Abdruck von Auszügen aus der Broschüre „Japanischer Garten", die aus Anlass der Bundesgartenschau in Bonn 1979 herausgegeben wurde.

Bibliografische Information der Deutschen Bibliothek
Die Deutsche Bibliothek verzeichnet diese Publikation in der Deutschen Nationalbibliografie; detaillierte bibliografische Daten sind im Internet über http://dnb.dnb.de abrufbar.

© Mercator-Verlag 2014
Verlagshaus Wohlfarth GmbH
www.mercator-verlag.de

ISBN 978-3-87463-539-4